하나님 말씀과 기도로
거룩하여 짐이라
(딤전 4:5)

맥체인 성경 읽기표

11월

일차	날짜	가정		개인	
305	11/1	왕하14	딤후4	호 7	시120~122
306	2	왕하15	딛 1	호 8	시123~125
307	3	왕하16	딛 2	호 9	시126~128
308	4	왕하17	딛 3	호10	시129~131
309	5	왕하18	몬 1	호11	시132~134
310	6	왕하19	히 1	호12	시135·136
311	7	왕하20	히 2	호13	시137·138
312	8	왕하21	히 3	호14	시139
313	9	왕하22	히 4	욜 1	시140·141
314	10	왕하23	히 5	욜 2	시142
315	11	왕하24	히 6	욜 3	시143
316	12	왕하25	히 7	암 1	시144
317	13	대상1·2	히 8	암 2	시145
318	14	대상3·4	히 9	암 3	시146·147
319	15	대상5·6	히10	암 4	시148·150
320	16	대상7·8	히11	암 5	눅1:1~38
321	17	대상9·10	히12	암 6	눅1:39~80
322	18	대상11·12	히13	암 7	눅 2
323	19	대상13·14	약 1	암 8	눅 3
324	20	대상15	약 2	암 9	눅 4
325	21	대상16	약 3	옵 1	눅 5
326	22	대상17	약 4	욘 1	눅 6
327	23	대상18	약 5	욘 2	눅 7
328	24	대상19·20	벧전1	욘 3	눅 8
329	25	대상21	벧전2	욘 4	눅 9
330	26	대상22	벧전3	미 1	눅10
331	27	대상23	벧전4	미 2	눅11
332	28	대상24·25	벧전5	미 3	눅12
333	29	대상26·27	벧후1	미 4	눅13
334	30	대상28	벧후2	미 5	눅14

12월

일차	날짜	가정		개인	
335	12/1	대상29	벧후3	미 6	눅15
336	2	대하 1	요일 1	미 7	눅16
337	3	대하 2	요일 2	나 1	눅17
338	4	대하3·4	요일 3	나 2	눅18
339	5	대하5·6:1~11	요일 4	나 3	눅19
340	6	대하6:12~42	요일 5	합 1	눅20
341	7	대하 7	요이 1	합 2	눅21
342	8	대하 8	요삼 1	합 3	눅22
343	9	대하 9	유 1	습 1	눅23
344	10	대하10	계 1	습 2	눅24
345	11	대하11·12	계 2	습 3	요 1
346	12	대하13	계 3	학 1	요 2
347	13	대하14·15	계 4	학 2	요 3
348	14	대하16	계 5	슥 1	요 4
349	15	대하17	계 6	슥 2	요 5
350	16	대하18	계 7	슥 3	요 6
351	17	대하19·20	계 8	슥 4	요 7
352	18	대하21	계 9	슥 5	요 8
353	19	대하22·23	계10	슥 6	요 9
354	20	대하24	계11	슥 7	요10
355	21	대하25	계12	슥 8	요11
356	22	대하26	계13	슥 9	요12
357	23	대하27·28	계14	슥10	요13
358	24	대하29	계15	슥11	요14
359	25	대하30	계16	슥12·13:1	요15
360	26	대하31	계17	슥13:2~9	요16
361	27	대하32	계18	슥14	요17
362	28	대하33	계19	말 1	요18
363	29	대하34	계20	말 2	요19
364	30	대하35	계21	말 3	요20
365	31	대하36	계22	말 4	요21

1월

일차	날짜	가정		개인	
1	1/1	창 1	마 1	스 1	행 1
2	2	창 2	마 2	스 2	행 2
3	3	창 3	마 3	스 3	행 3
4	4	창 4	마 4	스 4	행 4
5	5	창 5	마 5	스 5	행 5
6	6	창 6	마 6	스 6	행 6
7	7	창 7	마 7	스 7	행 7
8	8	창 8	마 8	스 8	행 8
9	9	창9·10	마 9	스 9	행 9
10	10	창11	마10	스10	행10
11	11	창12	마11	느 1	행11
12	12	창13	마12	느 2	행12
13	13	창14	마13	느 3	행13
14	14	창15	마14	느 4	행14
15	15	창16	마15	느 5	행15
16	16	창17	마16	느 6	행16
17	17	창18	마17	느 7	행17
18	18	창19	마18	느 8	행18
19	19	창20	마19	느 9	행19
20	20	창21	마20	느10	행20
21	21	창22	마21	느11	행21
22	22	창23	마22	느12	행22
23	23	창24	마23	느13	행23
24	24	창25	마24	에 1	행24
25	25	창26	마25	에 2	행25
26	26	창27	마26	에 3	행26
27	27	창28	마27	에 4	행27
28	28	창29	마28	에 5	행28
29	29	창30	막 1	에 6	롬 1
30	30	창31	막 2	에 7	롬 2
31	31	창32	막 3	에 8	롬 3

2월

일차	날짜	가정		개인	
32	2/1	창33	막 4	에9·10	롬 4
33	2	창34	막 5	욥 1	롬 5
34	3	창35·36	막 6	욥 2	롬 6
35	4	창37	막 7	욥 3	롬 7
36	5	창38	막 8	욥 4	롬 8
37	6	창39	막 9	욥 5	롬 9
38	7	창40	막10	욥 6	롬10
39	8	창41	막11	욥 7	롬11
40	9	창42	막12	욥 8	롬12
41	10	창43	막13	욥 9	롬13
42	11	창44	막14	욥10	롬14
43	12	창45	막15	욥11	롬15
44	13	창46	막16	욥12	롬16
45	14	창47	눅1:1~38	욥13	고전1
46	15	창48	눅1:39~80	욥14	고전2
47	16	창49	눅 2	욥15	고전3
48	17	창50	눅 3	욥16·17	고전4
49	18	출 1	눅 4	욥18	고전5
50	19	출 2	눅 5	욥19	고전6
51	20	출 3	눅 6	욥20	고전7
52	21	출 4	눅 7	욥21	고전8
53	22	출 5	눅 8	욥22	고전9
54	23	출 6	눅 9	욥23	고전10
55	24	출 7	눅10	욥24	고전11
56	25	출 8	눅11	욥25·26	고전12
57	26	출 9	눅12	욥27	고전13
58	27	출10	눅13	욥28	고전14
59	28	출11·12:1~21	눅14	욥29	고전15

맥체인 QT 가이드

01 사도신경 오늘의 찬양

신앙고백으로 마음을 정돈하고, 오늘의 찬양으로 마음의 준비를 하세요.

02 핵심주제

그날의 핵심주제를 기억하며 본문으로 들어갑니다.

03 본문읽기

네 본문의 소제목을 기억하면서 본문을 정독으로 읽으세요.
- 반복되는 단어, 유사한 단어, 반대되는 단어를 기억하면서...
- 나에게 주시는 동일한 핵심단어를 4책에서 찾아 기록해 보세요.

04 말씀연결

본문의 내용을 떠올리며 단어나 문장을 연결하며 다시 한번 정독으로 읽으세요.

05 말씀암송

주어진 시간안에서 말씀을 기억하세요. (괄호 채우기를 권해 드립니다.) 1년 365요절을 암송합니다.

06 말씀묵상

하나님이 나에게 주시는 말씀을 다시 한번 묵상해 보세요.

07 말씀적용

묵상을 통해 주신 말씀에 순종하며, 오늘 내가 할수 있는 일을 구체적으로 기록해 보세요.

08 감사기도

감사가 사라지고 있는 이 시대.. 하루에 3가지(믿음, 소망, 사랑)의 감사하는 마음을 담아 기록하여 보세요. 감사는 또 다른 감사를 만들어 줍니다.

09 말씀기도

오늘 내게 주신 말씀에 순종 할 수 있도록 하나님께 기도를 드립니다.

▶나눔 (하브루타 토론식)◀

교회 소그룹에 활용시 (09)말씀기도 전에
『하브루타 토론식』으로 서로의 의견을 말하고 생각을 공유해 보세요.
맥체인QT집으로 묵상을 하시면
같은 말씀이라도 하나님의 주신 말씀이 다양한 방향과 방법으로
대화의 나눔의 장을 만들어 드릴것입니다.

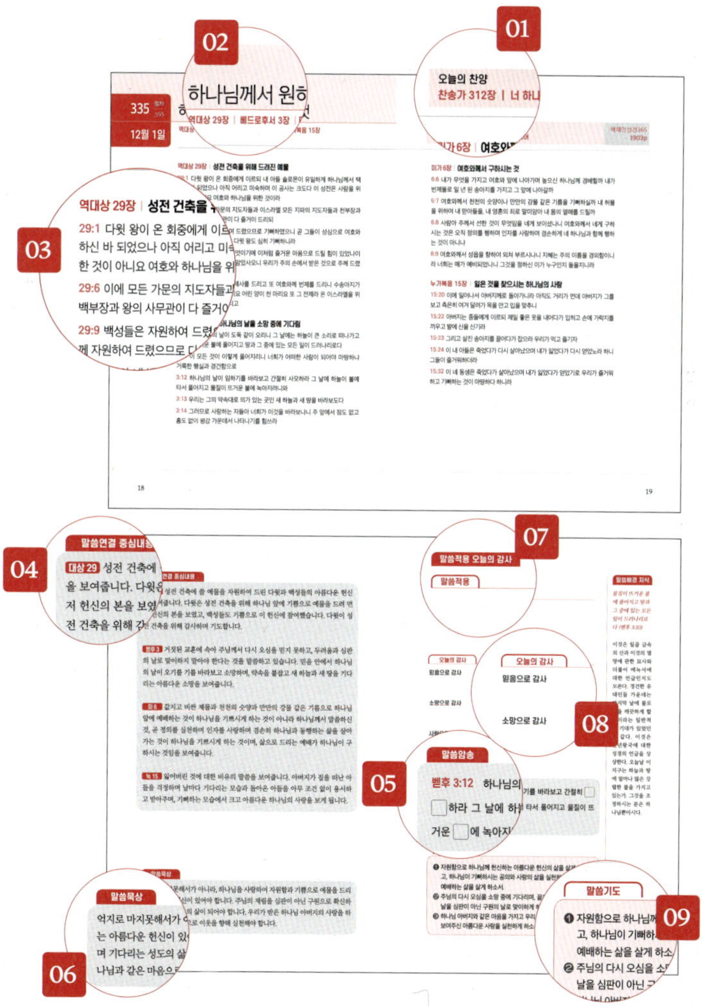

맥체인 성경읽기는
말씀에서 길을 찾고 기도로 힘을 얻는다

● 나의 맥체인 성경읽기를 공개합니다.

① 먼저 기도하고 찬양으로 마음을 준비합니다.

② 성경읽기표에 따른 네 본문에 제시된 주제를 통해 중심 단어를 생각합니다.

③ 네 성경 본문을 순서대로 천천히 읽습니다. (주요 요절이나 단어에 밑줄이나 표기를 합니다.)

④ 우선 두 성경 본문에서 주제와 일치하는 내용이나 반복되는 단어나 유사한 문맥을 찾아 서로 연결해 봅니다.

⑤ 본문에서 반대되는 내용이나 같은 뜻을 가진 단어나 문장 문맥을 찾아봅니다.

⑥ 이렇게 연결되는 본문을 나머지 다른 두 권으로 확대하여, 네 권 전체에 흐르는 하나님의 뜻을 발견하고, 그 내용을 적어봅니다. (나에게 주시는 말씀)

⑦ 네 성경 본문을 한 주제로 연결하도록(Word Link) 깊은 묵상을 합니다.

⑧ 나아가 본문에서 지도자나 인도자로부터 배운 신학 주제나 교리들이 함축하고 있는 문맥이나 내용의 짝을 찾아봅니다.

⑨ 삶에 적용할 항목들을 적어보고 실천함으로써 놀라운 변화를 경험해 봅니다. 매일 묵상할 때마다 다른 감동을 경험할 수 있습니다.

⑩ 마지막으로 하나님이 오늘 나에게 주신 말씀을 통하여 가르침, 명령과 약속과 권면, 경고 및 행해야 할 일들을 적어보고, 하나님과 대화하는 마음으로 묵상하고, 말씀기도로 성경읽기를 마무리합니다.

※ 독자들의(맥체인큐티, MQ) 다양한 원고를 기다립니다. 공동체의 성경읽기가 습관화 되어지도록 말씀묵상, 말씀적용, 감사기도의 은혜를 독자들과 나눌 수 있도록 사연을 기다립니다. 지면을 통하여 함께 은혜 나누기를 소망합니다. 채택되신 분들에게는 감사의 마음을 담아 선교햇불 도서를 선물로 보내드립니다. (이메일 : ccm2you@gmail.com)

전교인 작정새벽 말씀읽기
맥체인성경 말씀으로 돌아가기

1. 로버트 머리 맥체인(Robert Murray M'Cheyne) 목사는?

19세기 스코틀랜드 역사에서 가장 경건한 목회자로 꼽히는 로버트 머리 맥체인은 1813년 5월 21일 스코틀랜드 에든버러 더블린 가에서 5남매 중 막내로 태어났습니다. 에든버러 대학교에서 수학하여 23세에 목사 안수를 받고, 1835년부터 1838년까지 라버트 교구와 두니페이스 교구에서 존 보나(John Bonar)의 조수로 섬겼습니다. 그 뒤, 던디의 성 베드로 교회에서 하나님과 모든 영혼을 사랑하는 목사로 섬기다 1843년 3월 25일, 29세의 짧은 나이에 발진티푸스로 하늘의 부르심을 받았습니다.

맥체인은 시인이기도 했으며, 많은 저서를 남겼습니다. 그는 신앙심이 깊은 사람이었으며 기도의 사람이었습니다. 맥체인의 경건한 삶과 사역의 결과물들은 맥체인의 벗이 낸 회고록이나 후대 믿음의 후배들이 내는 전기를 통해 전해지고 있습니다. 이처럼 이 땅에서 맥체인의 삶은 짧았을지라도, 맥체인이 뜨겁게 전했던 그리스도에게로 초대하는 구원의 외침은 아직도 살아서 널리 울려 퍼지고 있습니다.

① 1836년, 스코틀랜드 성베드로교회 로버트 머레이 맥체인목사가 성경읽기표를 만듦(14세 때 애든버러대학에서 고전문학을 공부. 형의 죽음으로 신앙과 말씀에 집중. 성도를 위해 성경읽기표를 만듦)

② 80세 노인의 고백,"내 평생에 가장 행복한 나날을 보내고 있습니다"

③ 영향받은 목회자: 마틴 로이드존스(54년간 사용), 존 스토트

④ 1813년~1843년

⑤ 경건한 목회자, 성실한 목회자, 현명한 목회자

⑥ 주변에 있는 훌륭한 목회자에게 조언을 듣는 목회자

⑦ 선교사업에 지대한 관심을 갖은 목회자

⑧ 유대인 선교를 위해 바울처럼 유럽과 팔레스타인을 오랫 방문한 목회자

⑨ 서정적이고 시적인 재능

⑩ 자비롭고 쾌활한 성품

시대순이 아닌 내용을 중심으로 하는 정독성경이다.

구약 1회, 시편 2회, 신약 2회를 정독하는 성경이다.

각자 다른 성경책(장)의 배경 속에서 문학적 배경을 파악한다.

2. 맥체인 성경읽기란?

맥체인 성경읽기표는 1842년 맥체인이 자신이 목양하던 성 베드로 교회 성도들의 영적 성장을 위해 개발한 것으로, 매일 구약과 신약을 각각 2장씩 읽음으로써 1년에 구약 1회, 신약과 시편을 각 2회 정독할 수 있도록 만든 표입니다.

이와 같은 맥체인의 방법에 따라 신구약 성경 전체를 골고루 4등분해서 동시에 읽으면, 성경에 기록된 장구한 구속사를 크게 네 시대로 나누어 동시에 묵상할 수 있습니다.

각각의 시대마다 하나님께서는 하나님이 세우신 사람들과 언약을 맺으셨고, 그 언약을 완성하셨습니다. 그리고 이 시대들은 서로 씨줄과 날줄이 되어 하나님의 구속사를 완성하는 완벽한 하모니를 이루고 있습니다.

때로는 시대별로, 때로는 거시적인 안목에서 구속사 전체를 한 번에 아우르게 합니다. 그렇기에 남녀노소, 교회의 직분을 무론하고, 누구나 맥체인 성경읽기표를 따라 성경을 읽으면, 성경에 대한 명쾌한 이해와 함께 하나님께서 감춰두신 구속의 보화를 찾는 기쁨을 누릴 수 있습니다.

또한 이를 통해 성경의 맥을 보다 쉽게 잡을 수 있습니다. 이렇게 하나님의 계시

목적에 평행선을 그으며 따라가는 것은 맥체인 성경읽기표만의 독특한 방식입니다.

성경을 읽다가 중간에 빠뜨린 부분이 있더라도 포기하지 말고, 그날의 날짜에 맞추어 읽는 것이 좋습니다. 이런 습관은 해가 거듭되더라도 반복적으로 성경을 통독할 수 있게 해 주기 때문입니다.

"또 어려서부터 성경을 알았나니 성경은 능히 너로 하여금 그리스도 예수 안에 있는 믿음으로 말미암아 구원에 이르는 지혜가 있게 하느니라. 모든 성경은 하나님의 감동으로 된 것으로 교훈과 책망과 바르게 함과 의로 교육하기에 유익하니 이는 하나님의 사람으로 온전하게 하며 모든 선한 일을 행할 능력을 갖추게 하려 함이라."(딤후 3:15-17)

3. 맥체인 목사가 직접 이야기하는 맥체인 성경읽기

맥체인 목사는 1842년 12월 30일 송구영신 예배 시간에 자신의 교회 교인들에게 맥체인 성경읽기표에 대해서 다음과 같이 설명해주었습니다. 맥체인 목사가 직접 이야기하는 맥체인 성경읽기를 통해 우리는 맥체인 성경읽기에 대해 보다 많은 이해를 할 수 있을 것입니다. (이 설교가 끝난 후 그는 교인들에게 성경읽기표를 나누어 주었습니다.)

[설교 본문: 시편 119편 40절]

"내가 주의 법도들을 사모하였사오니 주의 의로 나를 살아나게 하소서"

사랑하는 성도 여러분, 새해가 다가오니 제 마음 속에 여러분의 구원과 구원받은 분들의 영적 성장에 대한 새로운 열망이 생깁니다.

"내가 예수 그리스도의 심장으로 너희 무리를 얼마나 사모하는지 하나님이 내 증인이시니라" (빌 1:8).

다가오는 새해에는 어떤 일이 일어날지 그 누가 알겠습니까? 모든 선한 사람은 분명 이 땅에 다가오는 놀라운 심판의 역사를 예견하며 영혼에 부담감을 느낍니다. 이제 이와 같은 엄숙한 질문을 던져야 할 때입니다.

"만일 네가 보행자와 함께 달려도 피곤하면 어찌 능히 말과 경주하겠느냐 네가 평안한 땅에서는 무사하려니와 요단 강 물이 넘칠 때에는 어찌하겠느냐" (렘 12:5).

자기 자신이나 피조물이 아니라 우리의 의이신 여호와를 의지하는 성도들은 굳게 설 것입니다. 우리가 악한 날에 굳게 서려면 성경 말씀과 은혜의 보좌에 더 집중해야 합니다. 그러면 우리는 다윗처럼 이렇게 말할 수 있을 것입니다.

"교만한 자들이 나를 심히 조롱하였어도 나는 주의 법을 떠나지 아니하였나이다" (시 119:51).

"고관들이 거짓으로 나를 핍박하오나 나의 마음은 주의 말씀만 경외하나이다" (시 119:161).

저는 마음속으로 오랫동안 성경읽기 계획표를 만들 생각을 해 왔습니다. 하나님이 같은 소원을 주신 이들은 다 제 생각에 동의할 것입니다. 그래서 성경 전체를 1년에 한번 통독하고, 모든 성도가 동시에 같은 푸른 초장에서 꼴을 먹을 수 있도록 계획을 짰습니다. 그런데 이 계획에는 다음과 같은 주의해야 할 점이 있습니다.

[주의할 점]

형식으로 읽지 말라

우리는 너무나 연약한 피조물이어서 어떤 의무든 규칙적으로 반복하면 타성적인 형태로 전락하기 쉽습니다. 일정한 규칙에 따라 말씀을 읽는 어떤 사람들에게는 이렇게 형식적인 신앙생활을 낳는 경향이 있습니다. 이것은 말세에 두드러진 죄가 될 것입니다. "경건의 모양은 있으나 경건의 능력은 부인하니 이같은 자들에게서 네가 돌아서라" (딤후 3:5). 이 점을 주의하십시오. 이 읽기표 때문에 여러분의 영혼이 무디어질 것 같으면 차라리 이 표를 없애 버리십시오.

분량 채우는 것으로 만족하지 말라

어떤 이들은 말씀을 읽기 위해 시간을 정하고 정해진 분량을 다 읽고 나면 자기 자신을 만족스런 눈으로 바라보는 유혹에 빠지기가 쉽습니다. 확신컨대 많은 이가 영혼에 아무런 하나님의 역사를 체험하지 못한 채 살아가고 있습니다. 용서받지 못하고, 성화되지도 않고, 멸망을 눈앞에 둔 채 말입니다. 그들은 그러면서도 개인적으로나 가족과 함께 정해진 경건 시간을 보냅니다. 이런 사람은 오른손에 거짓 것을 들고(사 44:20) 지옥으로 향하는 사람입니다.

아무렇게나 건성으로 읽지 말라

하나님의 말씀에 두려워 떠는 사람이 별로 없습니다. 말씀을 읽는 동안에도 위엄으로 가득찬 여호와의 음성을 듣는 이가 별로 없습니다. 이스라엘 백성들은 매일 먹는 만나에 대해 "백성이 하나님과 모세를 향하여 원망하되 어찌하여 우리를 애굽에서 인도해 내어 이 광야에서 죽게 하는가 이 곳에는 먹을 것도 없고 물도 없도다 우리 마음이 이 하찮은 음식을 싫어하노라 하매" (민 21:5)고 불평했습니다. 마찬가지로 어떤 이들은 많은 분량의 말씀을 읽다가 말씀 읽기에 싫증이 나서 말씀을 아무렇게나 건성으로 읽으려는 유혹에 빠지기 쉽습니다. 이런 일은 하나님의 진로를 불러일으킬 것입니다. 이 말씀이 여러분에게 해당되지 않도록 주의하십시오. "만군의 여호와가 이르노라 너희가 또 말하기를 이 일이 얼마나 번거로운고 하며 코웃음치고 훔친 물건과 저는 것, 병든 것을 가져왔느니라 너희가 이같이 봉헌물을 가져오니 내가 그것을 너희 손에서 받겠느냐 이는 여호와의 말이니라" (말 1:13).

의무감으로 억지로 읽지 말라

어떤 이들은 한동안 말씀을 잘 읽지만 나중에는 말씀 읽는 일이 감당하기 벅찬 부담감으로 느껴집니다. 그들은 하늘의 양식을 전혀 맛보지 못하고 양심에 질질 끌려 억지로 정해진 의무를 행합니다. 만일 어떤 성도든 이런 경우에 해당된다면, 차라리 이 족쇄를 던져 버리고 하나님의 아름다운 정원에서 마음껏 꼴을 먹으십시오. 제가 바라는 것은 여러분에게 덫을 놓는 것이 아니라 여러분이 기쁨을 맛보도록 돕는 것입니다.

이렇게 주의할 점이 많은데 이런 읽기표를 만든 목적이 대체 무엇일까요? 이 질문에 저는 이렇게 대답하겠습니다. 가장 좋은 일에는 언제나 위험이 따르는 법입니다. 위험한 절벽 틈에 가장 아름다운 꽃들이 피어 있는 것처럼 말입니다. 그러면 이 읽기표의 장점을 살펴보겠습니다.

첫째, 성경 전체를 1년 동안 정독할 수 있습니다.

모든 성경은 하나님의 감동으로 된 것이기 때문에 어느 한 부분이 더 중요하고 덜 중요한 곳이 없습니다. 성경 전체를 읽어나가는 것은 하나님의 구속사의 전체 의도를 알아가는 데 꼭 필요한 일입니다. 맥체인 성경 읽기를 따라가다 보면 구약은 한 번, 신약과 시편은 두 번 읽게 됩니다.

둘째, 성경의 네 가지 본문을 동시에 보는 안목을 기르게 됩니다.

맥체인 성경 읽기는 성경 전체를 4시대 구분으로 나누어 하루에 4장씩 읽어 나갑니다. 매일 구약에서 두 장, 신약에서 두 장을 읽는 것입니다. 이는 하나님의 구속의 역사를 네 시대로 나누어 동시에 묵상할 수 있는 탁월한 구조입니다.

셋째, 성경의 주인이 하나님이심을 알게 됩니다.

기존 성경 읽기는 역사 중심, 인물 중심으로 진행됩니다. 그래서 사람이 중심이 되는 성경 읽기가 될 수도 있습니다. 맥체인 성경 읽기는 신구약 4장을 읽으면서 공통적으로 흐르는 통일주제와 개별주제의 주인공이 하나님임을 알게 됩니다.

넷째, 어느 부분을 읽을지 고민하지 않습니다.

막상 성경을 펼쳐서 앞에서부터 읽어가다보면 레위기쯤 와서는 진도가 잘 나가지 않습니다. 그래서 뛰어넘고 다른 곳으로 가고자 하는 유혹을 받게 됩니다. 맥체인 성경 읽기는 좋은 성경 교사가 옆에서 자상하게 '오늘은 여기 읽어야죠'하고 들려주는 음성과 같습니다. 한 권을 다 읽고 또 다른 책으로 넘어가는 것이 아니라 지루하지 않게, 힘든 부분과 쉽게 이해되는 부분이 골고루 섞여 있는 종합 비타민 같은 책입니다.

다섯째, 교회의 전 성도가 어디를 읽는지 알 수 있습니다.

이 부분은 특별히 목회자들에게 특히 유용한 부분입니다. 교회 전 성도가 맥체인 성경 읽기로 성경을 읽어나가면 우리교회 성도들이 오늘 어디를 읽는지 분명히 알게 됩니다. 그래서 거기에 맞는 권면과 신앙의 조언을 해 줄 수 있고 전체 목회 그림을 그려나가는데 도움이 됩니다.

여섯째, SNS로 같은 본문의 은혜 나눔이 가능합니다.

교회마다 리더들을 중심으로 연결된 다양한 SNS방들이 있습니다. 기존의 은혜 나눔방들은 각자 자신이 읽은 본문으로 은혜를 나누기 때문에 성경 본문을 같이 묵상하지 않고 표면적인 은혜 나눔만 일어날 수 있습니다. 하지만 대화방으로 연결된 성도들끼리 오늘 분량의 매체인 성경 읽기 본문을 가지고 묵상과 은혜를 나누게 되니 같은 본문 말씀에 입각한 나눔이 가능합니다.

일곱째, 새벽기도때 설교를 듣고 매일 읽어 나갈 수 있습니다.

전교인 새벽 기도를 맥체인 성경 읽기로 진행한다면 매년 전 성도가 성경을 일년일독(신약, 시편 2독)하는 교회를 만들어 갈 수 있습니다. 성도들은 오늘자 맥체인 본문 설교를 듣고 그 배경지식 하에 각자 성경을 읽어나가니 더더욱 풍성한 성경 이해와 하나님 구속사의 역사를 체험할 수 있습니다.

4. 마틴로이드 존스와 존 스토트가 사랑했던 맥체인 성경읽기

맥체인 성경읽기표의 유익을 발견하고 평생 사용했던 대표적인 사람으로는 20세기의 대표적인 복음주의 설교가요 목회자인 마틴 로이드 존스 목사(1899-1981)와 존 스토트 목사(1921-2011)가 있습니다.

① 존 스토트

2011년 7월 27일 소천한 존 스토트 목사의 탁월한 균형감각은 체계적인 성경읽기에서 나왔습니다. 그는 세계교회협의회(WCC) 가맹교단인 영국성공회 소속이었지만 복음주의 노선을 평생 견지했습니다. 복음주의자이면서도 기독교의 사회적 책임을 소홀히 여기지 않았던 그는 자신의 저서 『기독교의 기본진리(Basic Christianity)』에서 "균형잡힌 신앙은 말씀과 기도의 균형에서 나온다. 이를 위해서는 성경 읽기가 필수이다"라고 밝히고 있습니다. 실제로 그는 1970년대 마틴 로이드 존스 목사로부터 맥체인 성경읽기표를 소개받고 평생 체계적인 성경 읽기를 실천했습니다.

존 스토트 목사는 평소 맥체인 성경읽기표에 대해 "성경 한편을 계속 읽어 내려갈 때 생기는 지루함을 방지해주는 좋은 성경읽기 방식이다. 성경 전체를 체계적이고 균형감 있게 알아야 하는 목회자들과 평신도 지도자들에게 강력히 추천한다"고 했습니다. 그는 또 "성경을 읽는 방법에는 여러 가지가 있지만 천천히, 묵상하고 생각하며 읽어야 한다. 구절의 뜻이 명확해질 때까지 한 구절 한 구절을 읽고 또 읽어야 한다"고 조언했습니다.

평생 맥체인 성경읽기를 사랑하고 실천했던 존 스토트 목사는 맥체인 성경읽기에 대해 다음과 같이 말했습니다.

"개인적으로 나는 전에 웨스트민스터 채플 목사였던 마틴 로이드 존스 박사께서 20년 전쯤 로버트 맥체인의 성경읽기표를 나에게 소개해 준 것에 감사하고 있습니다. 맥체인이 그것을 만들어 낸 것은 1842년 당시 자기가 섬기고 있던 스코틀랜드 던디의 성 베드로 교회 교인을 위해서였습니다. 이것에 따르면 매년 성경 전체를 구약은 한 번씩, 신약은 두 번씩 읽을 수 있습니다. 나는 로이드존스 박사가 『목사와 설교』에서 말한 다음의 내용을 전적으로 동의합니다. '모든 설교자는 적어도 일 년에 한 번씩은 성경 전체를 완전히 통독해야 합니다. …그것은 설교자가 성경을 읽어야 할 최소의 분량입니다.'

맥체인의 성경읽기표는 매일 네 장을 읽도록 배열되어 있습니다. 당시는 평온한 빅토리아 시대였기 때문에 그의 의도는 날마다 개인 경건 시간에 두 장(아침과 저녁) 및 가족기도회에서 두 장(역시 아침과 저녁)을 읽게 하려는 것이었습니다. 나 자신의 습관으로는 오히려 아침에 세 장 -가능하면 두 장은 읽고 세 번째 장은 연구를 하며- 넷째 장은 저녁을 위해서 남겨둡니다.

맥체인이 생각해 낸 성경읽기 방식에 있어서 특히 도움이 되는 것은 장을 할당하는 방식입니다. 그것은 1월 1일, 창세기 1-4장에서 시작하여, 1월 2일에는 창세기 5-8장, 1월 3일에는 창세기9-12장으로 계속되는 방식이 아닙니다. 그보다는 새해 첫 날의 말씀은 성경에 나오는 네 가지 위대한 시초, 즉 창세기 1장(창조의 시작), 에스라 1장(민족의 갱생), 마태복음 1장(그리스도의 탄생), 사도행전 1장(기독교회의 탄생)으로 시작됩니다. 이렇게 하나님의 계시 목적에 평행선을 그으며 따라가는 것입니다. 어느 날에는 족장, 에스더, 예수님의 사역, 바울의 여행에 대해 읽을 것이고, 다른 날에는 왕정의 성쇠를 추적하고, 예언자의 예언 메시지에 귀를 기울이며, 요한이 그리는 예수님의 모습을 보고, 요한계시록에 의해 드러나는 미래를 응시하고 있을 것입니다. 내게 있어서 기복이 심한 성경의 전체를 개관하며, 그 기저에 깔려 있고 반복되어 나타나는 주제를 파악하는 데 이보다 더 도움이 되는 것은 없었습니다."

-(존 스토트, 『현대교회와 설교』283-284쪽)

② 마틴 로이드 존스

존 스토트 목사에게 맥체인 성경읽기를 추천했던 마틴 로이드 존스 목사도 50여 년을 맥체인 성경읽기표에 따라 성경을 읽었던 분이었습니다. 로이드 존스 목사의 딸인 엘리자베스 케서우드의 증언에 따르면, 로이드 존스 목사는 평생 동안 구약은 최소 50회, 신약은 최소 110회 이상 통독했다고 합니다. 그 힘은 바로 맥체인 성경읽기에서 비롯되었습니다.

5. 맥체인 성경 365의 특징과 장점

맥체인 성경365의 장점은 QT와 통독을 하나로 통합해준다는 것입니다.

맥체인 성경365로 성경을 읽고 묵상하면

- 매일 성경을 읽도록 해줍니다.
- 매일 체계적이고 규칙적으로 성경을 읽도록 도와줍니다.
- 매일 성경 읽기(20분)에 적당한 분량입니다.
- 매일 구약과 신약의 각 부분을 골고루 읽도록 해줍니다.
- 1년에 구약 1독, 신약과 시편 2독을 할 수 있습니다.
- QT와 성경읽기를 하나로! 이제 QT와 통독을 따로 할 필요가 없습니다.
- 구약과 신약(시편)이 짝을 이뤄 구속사를 한눈에 살펴볼 수 있습니다.
- 말씀의 다채로움을 만끽하며 더 넓고 깊은 하나님의 생각을 발견하게 됩니다.
- 하나로 관통하는 하나님의 생각을 찾아내 더 깊은 영적 성숙을 도와줍니다.

6. 맥체인 성경읽기에 실패하지 않으려면?

영혼의 양식이요 영적 성숙의 원천이 되는 성경, 누구나 많이 읽고, 깊이 묵상하기를 원합니다. 하지만 막상 성경 통독을 시작하려고 해도 쉽지 않고, 끝내기는 더욱 쉽지 않습니다. 맥체인 성경읽기를 통해 성경을 통독하고, 매일 매일의 말씀묵상에 실패하지 않으려면, 맥체인 성경읽기표를 따라 다음과 같은 방법으로 성경을 읽으십시오.

① 매일 성경을 읽겠다는 결심을 하십시오.
② 성경을 읽는 구별된 시간을 확보하십시오.
③ 성경읽기표를 따라 매일 구별된 시간에 읽으십시오.
④ 가정예배와 교회 공동체에서 함께 성경읽기표를 따라 읽어나가면 좋습니다.
⑤ 너무 완벽하게 읽으려고 하지 마시고, 먼저 성경을 읽는다는 자체에 우선하십시오.
⑥ 빠뜨린 날이 있더라도 오늘 내가 읽어야 할 날짜의 읽기에 집중하십시오.
⑦ 빠뜨린 부분이 있더라도 집착하거나 포기하지 마시고 오늘 날짜부터 다시 시작하십시오.

한국교회의 성도님들께서 맥체인 성경 읽기를 통해 구속사의 주인이신 하나님을 매일 만나는 은혜의 경험을 하여 신앙의 성숙이 일어나시기를 간절히 기도드립니다.

335 일차 / 365

12월 1일

하나님께서 원하시는 것

역대상 29장 | 베드로후서 3장 | 미가 6장 | 누가복음 15장

역대상 29장 | 성전 건축을 위해 드려진 예물

29:1 다윗 왕이 온 회중에게 이르되 내 아들 솔로몬이 유일하게 하나님께서 택
하신 바 되었으나 아직 어리고 미숙하며 이 공사는 크도다 이 성전은 사람을 위
한 것이 아니요 여호와 하나님을 위한 것이라

29:6 이에 모든 가문의 지도자들과 이스라엘 모든 지파의 지도자들과 천부장과
백부장과 왕의 사무관이 다 즐거이 드리되

29:9 백성들은 자원하여 드렸으므로 기뻐하였으니 곧 그들이 성심으로 여호와
께 자원하여 드렸으므로 다윗 왕도 심히 기뻐하니라

29:14 나와 내 백성이 무엇이기에 이처럼 즐거운 마음으로 드릴 힘이 있었나이
까 모든 것이 주께로 말미암았사오니 우리가 주의 손에서 받은 것으로 주께 드렸
을 뿐이니이다

29:21 이튿날 여호와께 제사를 드리고 또 여호와께 번제를 드리니 수송아지가
천 마리요 숫양이 천 마리요 어린 양이 천 마리요 또 그 전제라 온 이스라엘을 위
하여 풍성한 제물을 드리고

베드로후서 3장 | 하나님의 날을 소망 중에 기다림

3:10 그러나 주의 날이 도둑 같이 오리니 그 날에는 하늘이 큰 소리로 떠나가고
물질이 뜨거운 불에 풀어지고 땅과 그 중에 있는 모든 일이 드러나리로다

3:11 이 모든 것이 이렇게 풀어지리니 너희가 어떠한 사람이 되어야 마땅하냐
거룩한 행실과 경건함으로

3:12 하나님의 날이 임하기를 바라보고 간절히 사모하라 그 날에 하늘이 불에
타서 풀어지고 물질이 뜨거운 불에 녹아지려니와

3:13 우리는 그의 약속대로 의가 있는 곳인 새 하늘과 새 땅을 바라보도다

3:14 그러므로 사랑하는 자들아 너희가 이것을 바라보나니 주 앞에서 점도 없고
흠도 없이 평강 가운데서 나타나기를 힘쓰라

오늘의 찬양
찬송가 312장 | 너 하나님께 이끌리어

맥체인성경365
1903p

미가 6장 | 여호와께서 구하시는 것

6:6 내가 무엇을 가지고 여호와 앞에 나아가며 높으신 하나님께 경배할까 내가 번제물로 일 년 된 송아지를 가지고 그 앞에 나아갈까

6:7 여호와께서 천천의 숫양이나 만만의 강물 같은 기름을 기뻐하실까 내 허물을 위하여 내 맏아들을, 내 영혼의 죄로 말미암아 내 몸의 열매를 드릴까

6:8 사람아 주께서 선한 것이 무엇임을 네게 보이셨나니 여호와께서 네게 구하시는 것은 오직 정의를 행하며 인자를 사랑하며 겸손하게 네 하나님과 함께 행하는 것이 아니냐

6:9 여호와께서 성읍을 향하여 외쳐 부르시나니 지혜는 주의 이름을 경외함이니라 너희는 매가 예비되었나니 그것을 정하신 이가 누구인지 들을지니라

누가복음 15장 | 잃은 것을 찾으시는 하나님의 사랑

15:20 이에 일어나서 아버지께로 돌아가니라 아직도 거리가 먼데 아버지가 그를 보고 측은히 여겨 달려가 목을 안고 입을 맞추니

15:22 아버지는 종들에게 이르되 제일 좋은 옷을 내어다가 입히고 손에 가락지를 끼우고 발에 신을 신기라

15:23 그리고 살진 송아지를 끌어다가 잡으라 우리가 먹고 즐기자

15:24 이 내 아들은 죽었다가 다시 살아났으며 내가 잃었다가 다시 얻었노라 하니 그들이 즐거워하더라

15:32 이 네 동생은 죽었다가 살아났으며 내가 잃었다가 얻었기로 우리가 즐거워하고 기뻐하는 것이 마땅하다 하니라

말씀연결 중심내용

대상 29 성전 건축에 쓸 예물을 자원하여 드린 다윗과 백성들의 아름다운 헌신을 보여줍니다. 다윗은 성전 건축을 위해 하나님 앞에 기쁨으로 예물을 드려 먼저 헌신의 본을 보였고, 백성들도 기쁨으로 이 헌신에 참여했습니다. 다윗이 성전 건축을 위해 감사하며 기도합니다.

벧후 3 거짓된 교훈에 속아 주님께서 다시 오심을 믿지 못하고, 두려움과 심판의 날로 맞이하지 말아야 한다는 것을 말씀하고 있습니다. 믿음 안에서 하나님의 날이 오기를 기를 바라보고 소망하며, 약속을 붙잡고 새 하늘과 새 땅을 기다리는 아름다운 소망을 보여줍니다.

미 6 값지고 비싼 제물과 천천의 숫양과 만만의 강물 같은 기름으로 하나님 앞에 예배하는 것이 하나님을 기쁘시게 하는 것이 아니라 하나님께서 말씀하신 것, 곧 정의를 실천하며 인자를 사랑하며 겸손히 하나님과 동행하는 삶을 살아가는 것이 하나님을 기쁘시게 하는 것이며, 삶으로 드리는 예배가 하나님이 구하시는 것임을 보여줍니다.

눅 15 잃어버린 것에 대한 비유의 말씀을 보여줍니다. 아버지가 집을 떠난 아들을 걱정하며 날마다 기다리는 모습과 돌아온 아들을 아무 조건 없이 용서하고 받아주며, 기뻐하는 모습에서 크고 아름다운 하나님의 사랑을 보게 됩니다.

말씀묵상

억지로 마지못해서가 아니라, 하나님을 사랑하여 자원함과 기쁨으로 예물을 드리는 아름다운 헌신이 있어야 합니다. 주님의 재림을 심판이 아닌 구원으로 확신하며 기다리는 성도의 삶이 되어야 합니다. 우리가 받은 하나님 아버지의 사랑을 하나님과 같은 마음으로 이웃을 향해 실천해야 합니다.

말씀적용 오늘의 감사

말씀적용

오늘의 감사

믿음으로 감사

소망으로 감사

사랑으로 감사

말씀암송

벧후 3:12 하나님의 날이 임하기를 바라보고 간절히 ☐ ☐하라 그 날에 하늘이 ☐에 타서 풀어지고 물질이 뜨거운 ☐에 녹아지려니와

말씀기도

❶ 자원함으로 하나님께 헌신하는 아름다운 헌신의 삶을 살게 하시고, 하나님이 기뻐하시는 공의와 사랑의 삶을 실천하여 그것으로 예배하는 삶을 살게 하소서.

❷ 주님의 다시 오심을 소망 중에 기다리며, 끝까지 믿음을 지켜 그 날을 심판이 아닌 구원의 날로 맞이하게 하소서.

❸ 하나님 아버지와 같은 마음을 가지고 우리 이웃을 향해 하나님께서 보여주신 아름다운 사랑을 실천하게 하소서.

말씀배경 지식

물질이 뜨거운 불에 풀어지고 땅과 그 중에 있는 모든 일이 드러나리로다 (벧후 3:10)

이것은 일곱 금속의 산과 이것의 멸망에 관한 묘사와 더불어 에녹서에 대한 언급인지도 모른다. 경건한 유대인들 가운데는 마지막 날에 불로 땅을 깨끗하게 할 것이라는 일반적인 기대가 있었던 것 같다. 이것은 천년왕국에 대한 성경의 언급을 상상한다. 오늘날 이 지구는 하늘과 땅에 얼마나 많은 강렬한 불을 가지고 있는가. 그것을 조정하시는 분은 하나님뿐이시다.

336 일차 365

12월 2일

하나님께 드리는 기도

역대하 1장 | 요한일서 1장 | 미가 7장 | 누가복음 16장

역대하 1장 | 하나님께서 기뻐하시는 기도

1:7 그 날 밤에 하나님이 솔로몬에게 나타나 그에게 이르시되 내가 네게 무엇을
주랴 너는 구하라 하시니

1:8 솔로몬이 하나님께 말하되 주께서 전에 큰 은혜를 내 아버지 다윗에게 베푸
시고 내가 그를 대신하여 왕이 되게 하셨사오니

1:9 여호와 하나님이여 원하건대 주는 내 아버지 다윗에게 허락하신 것을 이제
굳게 하옵소서 주께서 나를 땅의 티끌 같이 많은 백성의 왕으로 삼으셨사오니

1:10 주는 이제 내게 지혜와 지식을 주사 이 백성 앞에서 출입하게 하옵소서 이
렇게 많은 주의 백성을 누가 능히 재판하리이까 하니

1:11 하나님이 솔로몬에게 이르시되 이런 마음이 네게 있어서 부나 재물이나 영
광이나 원수의 생명 멸하기를 구하지 아니하며 장수도 구하지 아니하고 오직 내
가 네게 다스리게 한 내 백성을 재판하기 위하여 지혜와 지식을 구하였으니

요한일서 1장 | 미쁘시고 의로우신 하나님

1:3 우리가 보고 들은 바를 너희에게도 전함은 너희로 우리와 사귐이 있게 하려
함이니 우리의 사귐은 아버지와 그의 아들 예수 그리스도와 더불어 누림이라

1:6 만일 우리가 하나님과 사귐이 있다 하고 어둠에 행하면 거짓말을 하고 진리
를 행하지 아니함이거니와

1:7 그가 빛 가운데 계신 것 같이 우리도 빛 가운데 행하면 우리가 서로 사귐이
있고 그 아들 예수의 피가 우리를 모든 죄에서 깨끗하게 하실 것이요

1:9 만일 우리가 우리 죄를 자백하면 그는 미쁘시고 의로우사 우리 죄를 사하시
며 우리를 모든 불의에서 깨끗하게 하실 것이요

오늘의 찬양
찬송가 251장 | 주님의 큰 은혜

맥체인성경365
1908p

미가 7장 | 구원하시는 하나님께 드리는 기도와 찬양

7:2 경건한 자가 세상에서 끊어졌고 정직한 자가 사람들 가운데 없도다 무리가 다 피를 흘리려고 매복하며 각기 그물로 형제를 잡으려 하고

7:7 오직 나는 여호와를 우러러보며 나를 구원하시는 하나님을 바라보나니 나의 하나님이 나에게 귀를 기울이시리로다

7:8 나의 대적이여 나로 말미암아 기뻐하지 말지어다 나는 엎드러질지라도 일어날 것이요 어두운 데에 앉을지라도 여호와께서 나의 빛이 되실 것임이로다

7:18 주와 같은 신이 어디 있으리이까 주께서는 죄악과 그 기업에 남은 자의 허물을 사유하시며 인애를 기뻐하시므로 진노를 오래 품지 아니하시나이다

7:20 주께서 옛적에 우리 조상들에게 맹세하신 대로 야곱에게 성실을 베푸시며 아브라함에게 인애를 더하시리이다

누가복음 16장 | 하나님과 재물

16:10 지극히 작은 것에 충성된 자는 큰 것에도 충성되고 지극히 작은 것에 불의한 자는 큰 것에도 불의하니라

16:11 너희가 만일 불의한 재물에도 충성하지 아니하면 누가 참된 것으로 너희에게 맡기겠느냐

16:12 너희가 만일 남의 것에 충성하지 아니하면 누가 너희의 것을 너희에게 주겠느냐

16:13 집 하인이 두 주인을 섬길 수 없나니 혹 이를 미워하고 저를 사랑하거나 혹 이를 중히 여기고 저를 경히 여길 것임이니라 너희는 하나님과 재물을 겸하여 섬길 수 없느니라

16:25 아브라함이 이르되 얘 너는 살았을 때에 좋은 것을 받았고 나사로는 고난을 받았으니 이것을 기억하라 이제 그는 여기서 위로를 받고 너는 괴로움을 받느니라

말씀연결 중심내용

대하 1 기브온 산당에서 천 마리 희생으로 번제를 드린 솔로몬에게 하나님께서 응답을 약속하시며 구하라고 말씀하셨습니다. 솔로몬은 자신의 필요와 욕심을 구하지 않고 하나님께서 맡기신 일을 감당하기 위한 지혜와 지식을 구했습니다. 이것이 하나님의 기쁨이 됐고, 하나님은 그가 구한 지혜와 지식은 물론 구하지 않은 부와 재물과 영광도 주시겠다고 약속하시는 것을 보여줍니다.

요일 1 태초부터 있는 생명의 말씀이신 예수 그리스도와 더불어 빛이신 하나님과 우리의 사귐을 보여줍니다. 빛 가운데 행하며 우리의 죄를 자백하면 모든 불의에서 깨끗하게 하실 것을 말씀하고 있습니다.

미 7 불의와 죄악으로 하나님의 심판을 앞둔 상황에서 미가 선지자는 구원의 하나님을 바라보았습니다. 헛된 무엇이 아닌 오직 하나님께 구원이 있음을 믿고 바라보며, 구원을 간구한 자신의 기도에 하나님께서 귀를 기울이시고 반드시 응답하실 것을 믿었습니다. 조금도 의심하지 않고 확신 중에 하나님의 구원을 바라보는 기도를 보여줍니다.

눅 16 옳지 않은 청지기 비유와 부자와 거지 나사로의 비유를 보여줍니다. 하나님과 재물을 겸하여 섬길 수 없는 것과 올바른 재물의 사용을 말씀하고 있습니다.

말씀묵상

우리의 필요만을 구할 것이 아니라, 먼저 그 나라와 의를 구해야 합니다. 그러면 우리의 필요를 아시는 하나님께서 우리가 구하지 아니한 모든 필요까지 응답해 주십니다. 우리의 간구는 믿음의 간구여야 합니다. 조금도 의심하거나 흔들리지 말고 믿음으로 하나님의 응답과 구원을 확신해야 합니다.

말씀적용 오늘의 감사

말씀적용

오늘의 감사

믿음으로 감사

소망으로 감사

사랑으로 감사

말씀암송

요일 1:7 그가 [ ] 가운데 계신 것 같이 우리도 [ ] 가운데 행하면 우리가 서로 사귐이 있고 그 아들 예수의 [ ]가 우리를 모든 죄에서 [ ][ ]하게 하실 것이요

말씀기도

❶ 하나님께서 응답하시는 은혜의 때를 놓치지 않게 하시고, 겸손히 우리의 죄를 인정하고 고백하여 용서하시는 하나님의 은혜를 누리게 하소서.
❷ 우리의 필요보다 먼저 사명을 위한 필요를 구하게 하시고, 기쁨으로 우리의 필요까지 응답하시는 하나님의 축복을 누리게 하소서.
❸ 조금도 의심하지 말고 하나님의 응답을 믿고 확신하며 오직 하나님만 바라보게 하소서.

말씀배경 지식

주와 같은 신이 어디 있으리이까 (미 7:18)

미가 선지자는 송영을 자기 이름, 즉 언어유희(word play)를 하면서 시작한다. 미가는 감사에 넘치는 찬양으로 여호와를 타의 추종을 불허할 정도로 멋지게 묘사하고 있다.

하나님의 나라

역대하 2장 | 요한일서 2장 | 나훔 1장 | 누가복음 17장

역대하 2장 | 솔로몬이 성전 건축을 준비하다

2:1 솔로몬이 여호와의 이름을 위하여 성전을 건축하고 자기 왕위를 위하여 궁
궐 건축하기를 결심하니라

2:4 이제 내가 나의 하나님 여호와의 이름을 위하여 성전을 건축하여 구별하여
드리고 주 앞에서 향 재료를 사르며 항상 떡을 차려 놓으며 안식일과 초하루와
우리 하나님 여호와의 절기에 아침 저녁으로 번제를 드리려 하오니 이는 이스라
엘의 영원한 규례니이다

2:9 이와 같이 나를 위하여 재목을 많이 준비하게 하소서 내가 건축하려 하는 성
전은 크고 화려할 것이니이다

2:12 후람이 또 이르되 천지를 지으신 이스라엘의 하나님 여호와는 송축을 받으
실지로다 다윗 왕에게 지혜로운 아들을 주시고 명철과 총명을 주시사 능히 여호
와를 위하여 성전을 건축하고 자기 왕위를 위하여 궁궐을 건축하게 하시도다

2:18 그 중에서 칠만 명은 짐꾼이 되게 하였고 팔만 명은 산에서 벌목하게 하였
고 삼천 육백 명은 감독으로 삼아 백성들에게 일을 시키게 하였더라

요한일서 2장 | 말씀을 지키는 삶

2:3 우리가 그의 계명을 지키면 이로써 우리가 그를 아는 줄로 알 것이요

2:4 그를 아노라 하고 그의 계명을 지키지 아니하는 자는 거짓말하는 자요 진리
가 그 속에 있지 아니하되

2:5 누구든지 그의 말씀을 지키는 자는 하나님의 사랑이 참으로 그 속에서 온전
하게 되었나니 이로써 우리가 그의 안에 있는 줄을 아노라

2:27 너희는 주께 받은 바 기름 부음이 너희 안에 거하나니 아무도 너희를 가르
칠 필요가 없고 오직 그의 기름 부음이 모든 것을 너희에게 가르치며 또 참되고
거짓이 없으니 너희를 가르치신 그대로 주 안에 거하라

2:28 자녀들아 이제 그의 안에 거하라 이는 주께서 나타내신 바 되면 그가 강림
하실 때에 우리로 담대함을 얻어 그 앞에서 부끄럽지 않게 하려 함이라

오늘의 찬양
찬송가 331장 | 영광을 받으신 만유의 주여

맥체인성경365
1912p

나훔 1장 | 니느웨에 대한 여호와의 진노

1:2 여호와는 질투하시며 보복하시는 하나님이시니라 여호와는 보복하시며 진
노하시되 자기를 거스르는 자에게 여호와는 보복하시며 자기를 대적하는 자에
게 진노를 품으시며

1:6 누가 능히 그의 분노 앞에 서며 누가 능히 그의 진노를 감당하랴 그의 진노
가 불처럼 쏟아지니 그로 말미암아 바위들이 깨지는도다

1:7 여호와는 선하시며 환난 날에 산성이시라 그는 자기에게 피하는 자들을 아
시느니라

1:12 여호와께서 이같이 말씀하시기를 그들이 비록 강하고 많을지라도 반드시
멸절을 당하리니 그가 없어지리라 내가 전에는 너를 괴롭혔으나 다시는 너를 괴
롭히지 아니할 것이라

1:14 나 여호와가 네게 대하여 명령하였나니 네 이름이 다시는 전파되지 않을
것이라 내가 네 신들의 집에서 새긴 우상과 부은 우상을 멸절하며 네 무덤을 준
비하리니 이는 네가 쓸모 없게 되었음이라

1:15 볼지어다 아름다운 소식을 알리고 화평을 전하는 자의 발이 산 위에 있도
다 유다야 네 절기를 지키고 네 서원을 갚을지어다 악인이 진멸되었으니 그가 다
시는 네 가운데로 통행하지 아니하리로다 하시니라

누가복음 17장 | 충성된 종의 태도

17:1 예수께서 제자들에게 이르시되 실족하게 하는 것이 없을 수는 없으나 그렇게
하게 하는 자에게는 화로다

17:3 너희는 스스로 조심하라 만일 네 형제가 죄를 범하거든 경고하고 회개하거든
용서하라

17:10 이와 같이 너희도 명령 받은 것을 다 행한 후에 이르기를 우리는 무익한 종
이라 우리가 하여야 할 일을 한 것뿐이라 할지니라

17:20 바리새인들이 하나님의 나라가 어느 때에 임하나이까 묻거늘 예수께서 대
답하여 이르시되 하나님의 나라는 볼 수 있게 임하는 것이 아니요

17:21 또 여기 있다 저기 있다고도 못하리니 하나님의 나라는 너희 안에 있느니라

17:33 무릇 자기 목숨을 보전하고자 하는 자는 잃을 것이요 잃는 자는 살리리라

말씀연결 중심내용

대하 2 솔로몬이 하나님을 사랑하는 마음으로 크고 화려한 성전을 건축하기를 결심하고, 이를 위해 짐꾼 칠만 명과 산에서 돌을 캐낼 일꾼 팔만 명 그리고 일을 감독할 감독관 삼천 육백 명을 뽑았습니다. 또한 두로 왕 후람에게 사절을 보내어 금, 은, 동, 철을 다룰 줄 알며 자색 홍색 청색 실로 천을 짤 줄 알고 또 조각도 할 줄 아는 재주 있는 사람과, 백향목과 잣나무와 백단목 등 성전을 건축할 재목을 보내 줄 것을 요청하는 것을 보여줍니다.

요일 2 하나님을 피난처로 삼고 하나님께 피하는 삶은 하나님의 말씀을 지키는 삶이라는 것을 보여줍니다. 우리가 하나님 안에 있다는 것은 하나님의 말씀을 지키는 것으로 판명난다는 것과 하나님의 말씀을 지키지 않는다면 하나님 밖에 있다는 증거라고 말씀하고 있습니다.

나 1 하나님의 백성들을 고통에 빠지게 했던 니느웨를 향한 하나님의 진노를 보여줍니다. 또한 하나님의 진노 앞에 아무도 감당할 수 없음을 말씀하며 선하신 하나님을 환난 중에 만날 산성이요 피난처로 삼아야 한다는 것을 말씀하고 있습니다.

눅 17 종이 할 일에 대한 비유를 통해 종은 주인의 명령에 순종하여 육신의 피곤함을 이기고 또 수고하고 충성하는 존재라는 것과 그렇게 힘을 다해 충성함에도 결코 그것을 공로라 생각하지 않고 당연하게 여겨야 한다는 것을 보여줍니다.

말씀묵상

하나님을 피난처로 삼고 하나님 편에 서는 것이 예배하는 삶이 됩니다. 우리는 아무 공로나 칭찬이 없어도, 마땅히 해야 할 일로 하나님 앞에 충성해야 합니다.

말씀적용 오늘의 감사

말씀적용

오늘의 감사

믿음으로 감사

소망으로 감사

사랑으로 감사

말씀암송

눅 17:33 무릇 자기 [ ][ ]을 보전하고자 하는 자는 잃을 것이요 잃는 자는 살리리라

말씀기도

❶ 하나님 편에 서고, 또한 피난처 되신 하나님께 피하여 하나님의 은혜를 경험하게 하소서.
❷ 하나님 안에 거하여 철저히 말씀을 지키며, 힘을 다해 하나님을 예배하는 삶을 살게 하소서.
❸ 공로를 인정받고 칭찬받기 위해서가 아니라 마땅히 해야 할 일로 힘을 다해 충성하며 살게 하소서.

말씀배경 지식

삼천 육백 명
(대하 2:18)

삼천 육백 명의 감독 이외에도 250명의 이스라엘인 감독들이 있었으므로(8:10), 감독은 총 3,850명이었다.

338 일차 365

12월 4일

하늘의 보화가 더 중요합니다

역대하 3-4장 | 요한일서 3장 | 나훔 2장 | 누가복음 18장

역대하 3-4장 | 재물 사용의 참된 가치

3:4 그 성전 앞에 있는 낭실의 길이가 성전의 너비와 같이 이십 규빗이요 높이가 백이십 규빗이니 안에는 순금으로 입혔으며

3:6 또 보석으로 성전을 꾸며 화려하게 하였으니 그 금은 바르와임 금이며

3:7 또 금으로 성전과 그 들보와 문지방과 벽과 문짝에 입히고 벽에 그룹들을 아로새겼더라

4:19 솔로몬이 또 하나님의 전의 모든 기구를 만들었으니 곧 금 제단과 진설병 상들과

4:20 지성소 앞에서 규례대로 불을 켤 순금 등잔대와 그 등잔이며

4:21 또 순수한 금으로 만든 꽃과 등잔과 부젓가락이며

4:22 또 순금으로 만든 불집게와 주발과 숟가락과 불 옮기는 그릇이며 또 성전 문 곧 지성소의 문과 내전의 문을 금으로 입혔더라

요한일서 3장 | 형제와 이웃을 위해 사용함

3:10 이러므로 하나님의 자녀들과 마귀의 자녀들이 드러나나니 무릇 의를 행하지 아니하는 자나 또는 그 형제를 사랑하지 아니하는 자는 하나님께 속하지 아니하니라

3:17 누가 이 세상의 재물을 가지고 형제의 궁핍함을 보고도 도와 줄 마음을 닫으면 하나님의 사랑이 어찌 그 속에 거하겠느냐

3:18 자녀들아 우리가 말과 혀로만 사랑하지 말고 행함과 진실함으로 하자

3:21 사랑하는 자들아 만일 우리 마음이 우리를 책망할 것이 없으면 하나님 앞에서 담대함을 얻고

3:22 무엇이든지 구하는 바를 그에게서 받나니 이는 우리가 그의 계명을 지키고 그 앞에서 기뻐하시는 것을 행함이라

오늘의 찬양
찬송가 218장 | 네 맘과 정성을 다하여서

맥체인성경365
1917p

나훔 2장 | 재물의 한계

2:2 여호와께서 야곱의 영광을 회복하시되 이스라엘의 영광 같게 하시나니 이는
약탈자들이 약탈하였고 또 그들의 포도나무 가지를 없이 하였음이라

2:8 니느웨는 예로부터 물이 모인 못 같더니 이제 모두 도망하니 서라 서라 하나
돌아보는 자가 없도다

2:9 은을 노략하라 금을 노략하라 그 저축한 것이 무한하고 아름다운 기구가 풍
부함이니라

2:10 니느웨가 공허하였고 황폐하였도다 주민이 낙담하여 그 무릎이 서로 부딪
히며 모든 허리가 아프게 되며 모든 낯이 빛을 잃도다

2:13 만군의 여호와의 말씀에 내가 네 대적이 되어 네 병거들을 불살라 연기가
되게 하고 네 젊은 사자들을 칼로 멸할 것이며 내가 또 네 노략한 것을 땅에서 끊
으리니 네 파견자의 목소리가 다시는 들리지 아니하리라 하셨느니라

누가복음 18장 | 더 큰 재물

18:14 내가 너희에게 이르노니 이에 저 바리새인이 아니고 이 사람이 의롭다 하심
을 받고 그의 집으로 내려갔느니라 무릇 자기를 높이는 자는 낮아지고 자기를 낮추
는 자는 높아지리라 하시니라

18:22 예수께서 이 말을 들으시고 이르시되 네게 아직도 한 가지 부족한 것이 있으
니 네게 있는 것을 다 팔아 가난한 자들에게 나눠 주라 그리하면 하늘에서 네게 보
화가 있으리라 그리고 와서 나를 따르라 하시니

18:23 그 사람이 큰 부자이므로 이 말씀을 듣고 심히 근심하더라

18:25 낙타가 바늘귀로 들어가는 것이 부자가 하나님의 나라에 들어가는 것보다
쉬우니라 하시니

18:27 이르시되 무릇 사람이 할 수 없는 것을 하나님은 하실 수 있느니라

말씀연결 중심내용

대하 3-4 솔로몬이 성전 건축을 시작합니다. 성전 안을 순금으로 입히고, 보석으로 꾸며 화려하게 하고, 금으로 성전과 들보와 문지방과 벽과 문짝에 입힙니다. 지성소도 순금 육백 달란트로 입히고, 지성소 안에 두 그룹의 형상도 금으로 입혔습니다. 솔로몬은 하나님의 성전을 건축하며 금과 보석 등을 사용하는 데 아까워하지 않았다는 것을 보여줍니다.

요일 3 형제의 궁핍함과 어려움을 돕는 일에 이 세상의 재물이 사용돼야 한다는 것을 보여줍니다. 말과 혀로만 사랑을 말하지 말고, 이웃을 사랑하는 일을 위해 우리의 재물을 사용할 수 있어야 한다는 것을 말씀하고 있습니다.

나 2 많은 사람들이 이 세상의 재물을 최고의 가치로 여기고, 재물만 있으면 만사형통할 것으로 생각하여 재물을 힘써 구하고 쌓고자 하지만, 재물에는 한계가 있다는 것을 보여줍니다. 니느웨 성을 침략한 대적들이 그 성 안에 수없이 쌓인 은금과 재물을 노략하게 된다는 것입니다.

눅 18 영생을 구하며 찾아온 부자 관리에게 예수님께서 세상의 재물에 대한 욕심을 내려놓고 하늘의 보화를 추구하라고 말씀하십니다. 세상의 재물은 영원한 생명을 보장하지 못하지만, 예수님을 따르며 쌓게 되는 하늘의 보화는 영원한 생명을 보장한다는 것입니다. 그러나 그 관리는 세상 재물에 대한 욕심을 버리지 못해 근심하며 돌아갔습니다.

말씀묵상

사람들은 재물에 무한 신뢰를 둡니다. 하지만 재물이 우리의 가장 소중한 생명을 보장하지는 못합니다. 이 땅의 재물과 보화가 아니라 하늘의 보화를 추구해야 합니다. 재물을 하나님의 영광과 이웃을 위해 사용할 수 있다면 그 재물의 최고 가치를 나타내게 됩니다.

말씀적용 오늘의 감사

말씀적용

오늘의 감사

믿음으로 감사

소망으로 감사

사랑으로 감사

말씀암송

눅 18:27 이르시되 무릇 [ ][ ]이 할 수 없는 것을 [ ]
[ ][ ]은 하실 수 있느니라

말씀기도

❶ 영생을 보장하지 못하는 이 땅의 재물에 마음 빼앗기지 않게 하시고 힘써 주님을 따르며 하늘의 보화를 쌓아가게 하소서.
❷ 부요함의 축복도 더해 주시고, 또한 그 주신 부요함으로 하나님의 나라와 영광을 위해 아낌없이 헌신하며 드리게 하소서.
❸ 말과 혀로만 사랑을 말하지 말고 우리의 재물을 구체적으로 사용하여 사랑을 나타내게 하소서.

말씀배경 지식

낙타가 바늘귀로 들어가는 것이... 쉬우니라 (눅 18:25)

과장법적 표현으로서, 예수님께서는 이를 통해 그와 함께 하는 제자의 도(道)를 받아 들이고, 하나님의 나라에 들어가기가 얼마나 어려운가를 보여주려 한 것이다.

339 일차 365

12월 5일

하나님의 사랑이 이렇게 나타났습니다

역대하 5장, 6장 1-11절 | 요한일서 4장 | 나훔 3장 | 누가복음 19장

역대하 5장, 6장 1-11절 | 하나님의 영광

5:12 노래하는 레위 사람 아삽과 헤만과 여두둔과 그의 아들들과 형제들이 다 세마포를 입고 제단 동쪽에 서서 제금과 비파와 수금을 잡고 또 나팔 부는 제사장 백이십 명이 함께 서 있다가

5:13 나팔 부는 자와 노래하는 자들이 일제히 소리를 내어 여호와를 찬송하며 감사하는데 나팔 불고 제금 치고 모든 악기를 울리며 소리를 높여 여호와를 찬송하여 이르되 선하시도다 그의 자비하심이 영원히 있도다 하매 그 때에 여호와의 전에 구름이 가득한지라

5:14 제사장들이 그 구름으로 말미암아 능히 서서 섬기지 못하였으니 이는 여호와의 영광이 하나님의 전에 가득함이었더라

6:4 왕이 이르되 이스라엘 하나님 여호와를 송축할지로다 여호와께서 그의 입으로 내 아버지 다윗에게 말씀하신 것을 이제 그의 손으로 이루셨도다 이르시기를

6:10 이제 여호와께서 말씀하신 대로 이루셨도다 내가 여호와께서 말씀하신 대로 내 아버지 다윗을 대신하여 일어나 이스라엘 왕위에 앉고 이스라엘의 하나님 여호와의 이름을 위하여 성전을 건축하고

요한일서 4장 | 하나님의 사랑

4:9 하나님의 사랑이 우리에게 이렇게 나타난 바 되었으니 하나님이 자기의 독생자를 세상에 보내심은 그로 말미암아 우리를 살리려 하심이라

4:10 사랑은 여기 있으니 우리가 하나님을 사랑한 것이 아니요 하나님이 우리를 사랑하사 우리 죄를 속하기 위하여 화목제물로 그 아들을 보내셨음이라

4:11 사랑하는 자들아 하나님이 이같이 우리를 사랑하셨은즉 우리도 서로 사랑하는 것이 마땅하도다

4:12 어느 때나 하나님을 본 사람이 없으되 만일 우리가 서로 사랑하면 하나님이 우리 안에 거하시고 그의 사랑이 우리 안에 온전히 이루어지느니라

4:16 하나님이 우리를 사랑하시는 사랑을 우리가 알고 믿었노니 하나님은 사랑이시라 사랑 안에 거하는 자는 하나님 안에 거하고 하나님도 그의 안에 거하시느니라

오늘의 찬양

찬송가 294장 | 하나님은 외아들을

맥체인성경365
1923p

나훔 3장 | 하나님의 심판

3:1 화 있을진저 피의 성이여 그 안에는 거짓이 가득하고 포악이 가득하며 탈취가 떠나지 아니하는도다

3:5 보라 내가 네게 말하노니 만군의 여호와의 말씀에 네 치마를 걷어 올려 네 얼굴에 이르게 하고 네 벌거벗은 것을 나라들에게 보이며 네 부끄러운 곳을 뭇 민족에게 보일 것이요

3:6 내가 또 가증하고 더러운 것들을 네 위에 던져 능욕하여 너를 구경거리가 되게 하리니

3:16 네가 네 상인을 하늘의 별보다 많게 하였으나 느치가 날개를 펴서 날아감과 같고

3:17 네 방백은 메뚜기 같고 너의 장수들은 큰 메뚜기 떼가 추운 날에는 울타리에 깃들였다가 해가 뜨면 날아감과 같으니 그 있는 곳을 알 수 없도다

누가복음 19장 | 하나님의 구원

19:8 삭개오가 서서 주께 여짜오되 주여 보시옵소서 내 소유의 절반을 가난한 자들에게 주겠사오며 만일 누구의 것을 속여 빼앗은 일이 있으면 네 갑절이나 갚겠나이다

19:9 예수께서 이르시되 오늘 구원이 이 집에 이르렀으니 이 사람도 아브라함의 자손임이로다

19:10 인자가 온 것은 잃어버린 자를 찾아 구원하려 함이니라

19:37 이미 감람 산 내리막길에 가까이 오시매 제자의 온 무리가 자기들이 본 바 모든 능한 일로 인하여 기뻐하며 큰 소리로 하나님을 찬양하여

19:38 이르되 찬송하리로다 주의 이름으로 오시는 왕이여 하늘에는 평화요 가장 높은 곳에는 영광이로다 하니

말씀연결 중심내용

대하 5, 6:1-11 솔로몬이 성전을 건축하고 이스라엘의 모든 지도자들과 함께 하나님께 성전을 봉헌하며 찬양할 때, 하나님의 영광이 그 성전에 임하여 가득했다는 것을 보여줍니다.

요일 4 하나님께서 우리를 살리기 위해 독생자 예수 그리스도를 세상에 보내시고, 우리의 죄를 속하기 위한 화목 제물이 되게 하셨다는 것을 말씀하고 있습니다. 하나님의 독생자 예수 그리스도의 생명보다 우리의 생명을 더 소중히 여기셨고, 그만큼 우리를 사랑하셨다는 것을 보여줍니다.

나 3 하나님의 사랑과 구원에 응답하지 않고 끝까지 죄를 돌이키지 않으면 심판에 처할 수밖에 없음을 보여줍니다. 따라서 세상의 재물과 방백과 군사를 의지하지 않으며 사랑으로 구원을 말씀하시는 하나님께 돌이켜 회개하고 하나님을 의지해야 합니다.

눅 19 세리장 삭개오의 집에 유하신 예수님께서 삭개오의 집에 선포하신 구원의 말씀을 보여줍니다. 주님은 이 구원을 위해 이 땅에 오셨음을 천명하셨는데, 따라서 이를 위해 사람들의 수군거림에도 아랑곳하지 않고 당시 사람들에게 손가락질 받던 세리장이었던 삭개오의 집에 유하셨습니다.

말씀묵상

하나님으로부터 받은 사랑을 기억하며 우리가 서로 사랑해야 합니다. 삭개오와 같이 이전의 부끄럽고 죄악된 삶을 청산하고 주님 안에서 새로운 삶을 살기를 결단해야 합니다. 힘써 하나님을 예배하며 헌신할 때, 하나님은 그 예배와 헌신을 기뻐 받으시고 그 영광으로 임하여 응답하십니다.

말씀적용 오늘의 감사

말씀적용

오늘의 감사

믿음으로 감사

소망으로 감사

사랑으로 감사

말씀암송

요일 4:11 □□하는 자들아 하나님이 이같이 우리를 □□하셨은즉 우리도 서로 □□하는 것이 마땅하도다

말씀기도

❶ 하나님의 놀라운 사랑을 항상 가슴에 품고, 그 사랑으로 함께한 모든 사람들을 사랑하며 살게 하소서.

❷ 세상의 재물과 힘이 아니라 오직 하나님을 의지하며 사랑에 기대어 하나님의 구원과 은혜를 누리게 하소서.

❸ 힘써 하나님을 예배하며 헌신하는 삶을 통해 하나님의 영광을 누리게 하소서.

말씀배경 지식

네 방백은 메뚜기 같고 (나 3:17)

추위에 날개가 뻣뻣해졌다가도 햇빛이 비치면 힘과 활기를 얻고 날아가 버리는 메뚜기 떼에 비유되고 있다. 중동 지방의 메뚜기들은 그 파괴력이 엄청나서 흔적을 남기지 않고 사라지는데, 이 모습을 나훔을 적절히 이용하여 묘사하고 있다.

340 일차 / 365

12월 6일

도전하지 말고 기도해야 합니다

역대하 6장 12-42절 | 요한일서 5장 | 하박국 1장 | 누가복음 20장

역대하 6장 12-42절 | 솔로몬의 기도

6:13 솔로몬이 일찍이 놋으로 대를 만들었으니 길이가 다섯 규빗이요 너비가 다
섯 규빗이요 높이가 세 규빗이라 뜰 가운데에 두었더니 그가 그 위에 서서 이스
라엘의 모든 회중 앞에서 무릎을 꿇고 하늘을 향하여 손을 펴고

6:14 이르되 이스라엘의 하나님 여호와여 천지에 주와 같은 신이 없나이다 주께
서는 온 마음으로 주의 앞에서 행하는 주의 종들에게 언약을 지키시고 은혜를 베
푸시나이다

6:20 주께서 전에 말씀하시기를 내 이름을 거기에 두리라 하신 곳 이 성전을 향
하여 주의 눈이 주야로 보시오며 종이 이 곳을 향하여 비는 기도를 들으시옵소서

6:34 주의 백성이 그 적국과 더불어 싸우고자 하여 주께서 보내신 길로 나갈 때
에 그들이 주께서 택하신 이 성과 내가 주의 이름을 위하여 건축한 성전 있는 쪽
을 향하여 주께 기도하거든

6:35 주는 하늘에서 그들의 기도와 간구를 들으시고 그들의 일을 돌보시옵소서

6:39 주는 계신 곳 하늘에서 그들의 기도와 간구를 들으시고 그들의 일을 돌보
시오며 주께 범죄한 주의 백성을 용서하옵소서

6:40 나의 하나님이여 이제 이 곳에서 하는 기도에 눈을 드시고 귀를 기울이소
서

요한일서 5장 | 주의 뜻대로 구하는 기도

5:3 하나님을 사랑하는 것은 이것이니 우리가 그의 계명들을 지키는 것이라 그
의 계명들은 무거운 것이 아니로다

5:11 또 증거는 이것이니 하나님이 우리에게 영생을 주신 것과 이 생명이 그의
아들 안에 있는 그것이니라

5:14 그를 향하여 우리가 가진 바 담대함이 이것이니 그의 뜻대로 무엇을 구하
면 들으심이라

5:15 우리가 무엇이든지 구하는 바를 들으시는 줄을 안즉 우리가 그에게 구한
그것을 얻은 줄을 또한 아느니라

5:20 또 아는 것은 하나님의 아들이 이르러 우리에게 지각을 주사 우리로 참된
자를 알게 하신 것과 또한 우리가 참된 자 곧 그의 아들 예수 그리스도 안에 있는
것이니 그는 참 하나님이시요 영생이시라

오늘의 찬양
찬송가 361장 | 기도하는 이 시간

맥체인성경365
1929p

하박국 1장 | 포기하지 않고 기도하는 하박국

1:2 여호와여 내가 부르짖어도 주께서 듣지 아니하시니 어느 때까지리이까 내가
강포로 말미암아 외쳐도 주께서 구원하지 아니하시나이다

1:5 여호와께서 이르시되 너희는 여러 나라를 보고 또 보고 놀라고 또 놀랄지어
다 너희의 생전에 내가 한 가지 일을 행할 것이라 누가 너희에게 말할지라도 너
희가 믿지 아니하리라

1:12 선지자가 이르되 여호와 나의 하나님, 나의 거룩한 이시여 주께서는 만세
전부터 계시지 아니하시니이까 우리가 사망에 이르지 아니하리이다 여호와여
주께서 심판하기 위하여 그들을 두셨나이다 반석이시여 주께서 경계하기 위하
여 그들을 세우셨나이다

1:13 주께서는 눈이 정결하시므로 악을 차마 보지 못하시며 패역을 차마 보지
못하시거늘 어찌하여 거짓된 자들을 방관하시며 악인이 자기보다 의로운 사람
을 삼키는데도 잠잠하시나이까

누가복음 20장 | 권위에 도전하지 말고 기도함

20:1 하루는 예수께서 성전에서 백성을 가르치시며 복음을 전하실새 대제사장들
과 서기관들이 장로들과 함께 가까이 와서

20:2 말하여 이르되 당신이 무슨 권위로 이런 일을 하는지 이 권위를 준 이가 누구
인지 우리에게 말하라

20:4 요한의 세례가 하늘로부터냐 사람으로부터냐

20:8 예수께서 이르시되 나도 무슨 권위로 이런 일을 하는지 너희에게 이르지 아니
하리라 하시니라

20:46 긴 옷을 입고 다니는 것을 원하며 시장에서 문안 받는 것과 회당의 높은 자
리와 잔치의 윗자리를 좋아하는 서기관들을 삼가라

20:47 그들은 과부의 가산을 삼키며 외식으로 길게 기도하니 그들이 더 엄중한 심
판을 받으리라 하시니라

말씀연결 중심내용

대하 6:12-42 성전을 봉헌하며 솔로몬이 하나님께 드린 기도를 보여줍니다. 솔로몬은 하나님께서 이름을 두시겠다고 약속하신 성전을 찾고 또한 성전을 향해 드리는 기도에 응답해 달라고 기도합니다.

요일 5 주의 뜻대로 구할 때에 무엇이든지 주님은 들으신다고 말씀하고 있습니다. 이것은 우리의 욕심으로 구하지 말아야 한다는 것으로, 우리의 욕심이 아닌 주님의 뜻 안에서 구할 때에 주님은 반드시 응답하신다는 것을 보여줍니다.

합 1 하박국은 강포가 가득한 상황에서 하나님의 도우심을 구했습니다. 죄악과 패역이 끊이지 않고 악인이 의인을 협박하는, 공의가 왜곡된 현실을 보며 하나님의 구원을 기도했습니다. 그러나 주께서 귀를 닫으시고 그 부르짖음과 외침에도 응답하지 않으셨습니다. 주님께서 응답하지 않으신다는 생각 속에서도 포기하지 않고 하나님께 기도하는 모습을 보여줍니다.

눅 20 대제사장들과 서기관들 그리고 장로들은 예수님의 권위에 도전했습니다. 그들은 예수님께서 하나님이 되시며 그리스도 되심을 믿지 못하고 그 사역과 가르침에 도전하며 그 반대편에 서는 것을 보여줍니다.

말씀묵상

우리가 하나님께 구할 것은 하나님의 은혜입니다. 포기하지 않고 기도할 때 하나님의 직접적인 음성을 통해 기도의 응답을 경험할 수 있습니다.

말씀적용 오늘의 감사

말씀적용

오늘의 감사

믿음으로 감사

소망으로 감사

사랑으로 감사

말씀암송

대하 6:40 나의 하나님이여 이제 이 곳에서 하는 [ ][ ]에 [ ]을 드시고 [ ]를 기울이소서

말씀기도

❶ 항상 하나님이 계신 성전을 찾고, 겸손히 은혜를 구하며 기도하게 하소서.
❷ 내 욕심으로 구하는 기도는 없는지 돌아보게 하시고, 하나님께서 기뻐하시는 뜻을 찾고 그 뜻을 따라 기도하게 하소서.
❸ 당장 응답이 없어도 반드시 하나님의 때에 응답하심을 믿고 그 기도를 포기하지 않게 하소서.

말씀배경 지식

주께서 듣지 아니하시니 (합 1:2)

하박국은 그의 부르짖음을 하나님께서 듣지 않은 것으로 의심하지 않았다. 하나님의 들으심에는 하나님의 응답이 응당 포함되는 것으로 생각하였다. 그러나 하박국의 기도는 그때까지 아무런 응답이 없었다.

341 일차 365

12월 7일

주의 말씀은 영원합니다

역대하 7장 | 요한이서 1장 | 하박국 2장 | 누가복음 21장

역대하 7장 | 주님의 말씀의 축복

7:1 솔로몬이 기도를 마치매 불이 하늘에서부터 내려와서 그 번제물과 제물들을 사르고 여호와의 영광이 그 성전에 가득하니

7:11 솔로몬이 여호와의 전과 왕궁 건축을 마치고 솔로몬의 심중에 여호와의 전과 자기의 궁궐에 그가 이루고자 한 것을 다 형통하게 이루니라

7:12 밤에 여호와께서 솔로몬에게 나타나사 그에게 이르시되 내가 이미 네 기도를 듣고 이 곳을 택하여 내게 제사하는 성전을 삼았으니

7:14 내 이름으로 일컫는 내 백성이 그들의 악한 길에서 떠나 스스로 낮추고 기도하여 내 얼굴을 찾으면 내가 하늘에서 듣고 그들의 죄를 사하고 그들의 땅을 고칠지라

7:18 내가 네 나라 왕위를 견고하게 하되 전에 내가 네 아버지 다윗과 언약하기를 이스라엘을 다스릴 자가 네게서 끊어지지 아니하리라 한 대로 하리

요한이서 1장 | 주의 말씀을 지켜야 함

1:4 너의 자녀들 중에 우리가 아버지께 받은 계명대로 진리를 행하는 자를 내가 보니 심히 기쁘도다

1:6 또 사랑은 이것이니 우리가 그 계명을 따라 행하는 것이요 계명은 이것이니 너희가 처음부터 들은 바와 같이 그 가운데서 행하라 하심이라

1:8 너희는 스스로 삼가 우리가 일한 것을 잃지 말고 오직 온전한 상을 받으라

1:9 지나쳐 그리스도의 교훈 안에 거하지 아니하는 자는 다 하나님을 모시지 못하되 교훈 안에 거하는 그 사람은 아버지와 아들을 모시느니라

1:10 누구든지 이 교훈을 가지지 않고 너희에게 나아가거든 그를 집에 들이지도 말고 인사도 하지 말라

오늘의 찬양
찬송가 204장 | 주의 말씀 듣고서

맥체인성경365
1935p

하박국 2장 | 주님의 말씀을 기다려야 함

2:3 이 묵시는 정한 때가 있나니 그 종말이 속히 이르겠고 결코 거짓되지 아니하
리라 비록 더딜지라도 기다리라 지체되지 않고 반드시 응하리라

2:13 민족들이 불탈 것으로 수고하는 것과 나라들이 헛된 일로 피곤하게 되는
것이 만군의 여호와께로 말미암음이 아니냐

2:14 이는 물이 바다를 덮음 같이 여호와의 영광을 인정하는 것이 세상에 가득
함이니라

2:20 오직 여호와는 그 성전에 계시니 온 땅은 그 앞에서 잠잠할지니라 하시니
라

누가복음 21장 | 말씀의 영원함

21:7 그들이 물어 이르되 선생님이여 그러면 어느 때에 이런 일이 있겠사오며 이런
일이 일어나려 할 때에 무슨 징조가 있사오리이까

21:8 이르시되 미혹을 받지 않도록 주의하라 많은 사람이 내 이름으로 와서 이르되
내가 그라 하며 때가 가까이 왔다 하겠으나 그들을 따르지 말라

21:9 난리와 소요의 소문을 들을 때에 두려워하지 말라 이 일이 먼저 있어야 하되
끝은 곧 되지 아니하리라

21:29 이에 비유로 이르시되 무화과나무와 모든 나무를 보라

21:30 싹이 나면 너희가 보고 여름이 가까운 줄을 자연히 아나니

21:31 이와 같이 너희가 이런 일이 일어나는 것을 보거든 하나님의 나라가 가까이
온 줄을 알라

21:32 내가 진실로 너희에게 말하노니 이 세대가 지나가기 전에 모든 일이 다 이루
어지리라

21:33 천지는 없어지겠으나 내 말은 없어지지 아니하리라

말씀연결 중심내용

대하 7 하나님께서 솔로몬에게 아버지 다윗처럼 하나님의 말씀을 지키면, 그 약속대로 왕위를 그 후손에게 계속해서 이어주겠다고 말씀하시는 것을 보여줍니다.

요이 1 그리스도의 교훈 안에 있지 않는 자, 곧 그리스도의 교훈에서 지나쳐 다른 교훈을 말하는 자들을 가까이하지 말며 그들의 교훈에 넘어지지 말아야 한다고 말씀하십니다. 거짓된 교훈에서 그리스도의 교훈 곧 주의 말씀을 지켜야 한다는 것을 보여줍니다.

합 2 하나님의 정하신 때와 계획이 있으며, 불의한 자들을 반드시 심판하실 것을 말씀하셨습니다. 비록 더디다고 생각될지라도 포기하지 말고 그때를 기다리라고 말씀하십니다. 반드시 말씀이 이루어지는 때가 있고 그때는 결코 늦어지지 않는다는 것을 보여줍니다.

눅 21 천지는 없어져도 주님의 말씀은 영원하여 결코 헛되이 사라지지 않고 반드시 그 말씀대로 성취되고 이루어진다는 것을 보여줍니다.

말씀묵상

하나님의 말씀을 지키며 살아가는 사람에게 하나님의 축복이 주어집니다. 천지는 없어져도 주님의 말씀은 결코 없어지지 않습니다.

말씀적용 오늘의 감사

말씀적용

오늘의 감사

믿음으로 감사

소망으로 감사

사랑으로 감사

말씀암송

합 2:14 이는 물이 바다를 덮음 같이 [ ][ ][ ]의 [ ]
[ ]을 인정하는 것이 세상에 가득함이니라

말씀기도

❶ 주의 말씀은 영원하며 반드시 그 말씀대로 이루어짐을 믿고 기다리는 삶을 살게 하소서.
❷ 주의 말씀을 깨뜨리는 거짓 교훈을 멀리하며 철저히 주의 말씀을 지켜가게 하소서.
❸ 주의 말씀을 지킴으로 주께서 약속을 지켜 이루시는 축복을 누리게 하소서.

말씀배경 지식

또 사랑은 이것이니 (요이 1:6)

요한이 언급하는 사랑은 5절에서는 하나님의 계명은 사람들끼리 서로 사랑하는 것이며, 6절에서 그 사랑은 하나님의 명령을 따르는 것이다. 사랑은 감정에 불과하지 않다. 이것은 하나님의 뜻을 행하는 행위이다.

342 일차 365

12월 8일

하나님께서 주시는 기쁨

역대하 8장 | 요한삼서 1장 | 하박국 3장 | 누가복음 22장

역대하 8장 | 하나님의 축복

8:3 솔로몬이 가서 하맛소바를 쳐서 점령하고

8:6 또 바알랏과 자기에게 있는 모든 국고성들과 모든 병거성들과 마병의 성들을
건축하고 솔로몬이 또 예루살렘과 레바논과 그가 다스리는 온 땅에 건축하고자
하던 것을 다 건축하니라

8:7 이스라엘이 아닌 헷 족속과 아모리 족속과 브리스 족속과 히위 족속과 여부
스 족속의 남아 있는 모든 자

8:8 곧 이스라엘 자손이 다 멸하지 않았으므로 그 땅에 남아 있는 그들의 자손들
을 솔로몬이 역군으로 삼아 오늘에 이르렀으되

8:18 후람이 그의 신복들에게 부탁하여 배와 바닷길을 아는 종들을 보내매 그들
이 솔로몬의 종들과 함께 오빌에 이르러 거기서 금 사백오십 달란트를 얻어 솔로
몬 왕에게로 가져왔더라

요한삼서 1장 | 믿음의 사람으로 인한 기쁨

1:3 형제들이 와서 네게 있는 진리를 증언하되 네가 진리 안에서 행한다 하니 내
가 심히 기뻐하노라

1:4 내가 내 자녀들이 진리 안에서 행한다 함을 듣는 것보다 더 기쁜 일이 없도
다

1:5 사랑하는 자여 네가 무엇이든지 형제 곧 나그네 된 자들에게 행하는 것은 신
실한 일이니

1:8 그러므로 우리가 이같은 자들을 영접하는 것이 마땅하니 이는 우리로 진리
를 위하여 함께 일하는 자가 되게 하려 함이라

1:11 사랑하는 자여 악한 것을 본받지 말고 선한 것을 본받으라 선을 행하는 자
는 하나님께 속하고 악을 행하는 자는 하나님을 뵈옵지 못하였느니라

오늘의 찬양
찬송가 95장 | 나의 기쁨 나의 소망되시며

맥체인성경365
1940p

하박국 3장 | 여호와로 인한 기쁨

3:2 여호와여 내가 주께 대한 소문을 듣고 놀랐나이다 여호와여 주는 주의 일을 이 수년 내에 부흥하게 하옵소서 이 수년 내에 나타내시옵소서 진노 중에라도 긍휼을 잊지 마옵소서

3:13 주께서 주의 백성을 구원하시려고, 기름 부음 받은 자를 구원하시려고 나오사 악인의 집의 머리를 치시며 그 기초를 바닥까지 드러내셨나이다 (셀라)

3:17 비록 무화과나무가 무성하지 못하며 포도나무에 열매가 없으며 감람나무에 소출이 없으며 밭에 먹을 것이 없으며 우리에 양이 없으며 외양간에 소가 없을지라도

3:18 나는 여호와로 말미암아 즐거워하며 나의 구원의 하나님으로 말미암아 기뻐하리로다

3:19 주 여호와는 나의 힘이시라 나의 발을 사슴과 같게 하사 나를 나의 높은 곳으로 다니게 하시리로다 이 노래는 지휘하는 사람을 위하여 내 수금에 맞춘 것이니라

누가복음 22장 | 자기 욕심이 이루어질 때의 기쁨

22:2 대제사장들과 서기관들이 예수를 무슨 방도로 죽일까 궁리하니 이는 그들이 백성을 두려워함이더라

22:4 이에 유다가 대제사장들과 성전 경비대장들에게 가서 예수를 넘겨 줄 방도를 의논하매

22:5 그들이 기뻐하여 돈을 주기로 언약하는지라

22:47 말씀하실 때에 한 무리가 오는데 열둘 중의 하나인 유다라 하는 자가 그들을 앞장서 와서

22:48 예수께 입을 맞추려고 가까이 하는지라 예수께서 이르시되 유다야 네가 입맞춤으로 인자를 파느냐 하시니

말씀연결 중심내용

대하 8 솔로몬이 하나님께서 주신 사명에 기쁨을 둘 때, 누렸던 형통함과 승리와 부유함의 축복을 볼 수 있습니다. 특별히 솔로몬 시대에 활발한 무역 거래가 이루어져 많은 부를 쌓을 수 있었음을 말씀하고 있는데, 오빌에서 금 사백오십 달란트를 얻는 큰 성과가 있었음을 말씀하고 있습니다.

요삼 1 요한삼서는 요한이 가이오에게 보내는 편지입니다. 가이오는 나그네 된 형제들 곧 순회 전도자들을 형제처럼 잘 대접하며 섬겼던 믿음의 사람으로, 요한은 가이오의 이와 같은 사실을 전해 듣고 기뻐했습니다.

합 3 갈대아인들의 침략으로 인해 그 땅이 폐허가 되고 모든 산업은 무너지고 황폐해지나 하박국은 여호와 하나님으로 인해 기뻐하였습니다. 상황은 암울하고 두렵고 떨리는 상황으로 결코 기뻐할 수 없는 상황이었으나 하박국은 기쁨을 하나님께 두었기에 상황과 상관없이 기뻐할 수 있었습니다.

눅 22 대제사장들과 서기관들은 자신들이 가진 기득권을 지키는데 장애가 되고 위협이 되는 예수님을 어떻게 죽일 것인가 궁리하고 있었습니다. 그때 마침 예수님의 제자인 가룟 유다가 이들을 찾아와 예수님을 넘겨주겠다는 제안을 했고, 이로 인해 이들이 기뻐했습니다.

말씀묵상

큰 뜻과 계획으로 구원을 이루실 하나님을 바라보며 기뻐할 수 있습니다. 믿음의 사람들, 곧 영적 자녀들이 믿음 안에서 자라가는 것을 기뻐합니다. 우리의 욕심에 기쁨을 두지 않고 하나님께 기쁨을 두면 놀라운 하나님의 축복을 경험할 수 있습니다.

말씀적용 오늘의 감사

말씀적용

오늘의 감사

믿음으로 감사

소망으로 감사

사랑으로 감사

말씀암송

합 3:18 나는 □□□로 말미암아 즐거워하며 나의 구원의 □□□으로 말미암아 기뻐하리로다

말씀기도

❶ 상황에 기쁨을 두지 않고 하나님께 기쁨을 두게 하셔서, 기뻐할 수 없는 상황에서도 하나님으로 인해 항상 기뻐하는 삶을 살게 하소서.
❷ 내 욕심에 기쁨을 두지 않게 하시고, 영적 자녀들이 믿음으로 성장하는데 기쁨을 두게 하소서.
❸ 하나님과 사명에 기쁨을 두게 하시고 이를 통해 하나님께서 주시는 놀라운 축복도 누리게 하소서.

말씀배경 지식

솔로몬이 가서 하맛소바를 쳐서 점령하고 (대하 8:3)

솔로몬이 가서 하맛소바를 쳐서 점령한 이유는 아마 역대상 18:10에서의 평화 조약을 파기하였기 때문이었을 것이다. 솔로몬의 기록상 유일한 군사행동은, 다윗이 점령했던 소바 왕국에 접경한 하맛 왕국을 정복했던 것으로 끝난다.

343 일차 365

12월 9일

구원의 날

역대하 9장 | 유다서 1장 | 스바냐 1장 | 누가복음 23장

역대하 9장 | 붙잡아야 하는 약속

9:6 내가 그 말들을 믿지 아니하였더니 이제 와서 본즉 당신의 지혜가 크다 한 말
이 그 절반도 못 되니 당신은 내가 들은 소문보다 더하도다

9:7 복되도다 당신의 사람들이여, 복되도다 당신의 이 신하들이여, 항상 당신 앞
에 서서 당신의 지혜를 들음이로다

9:8 당신의 하나님 여호와를 송축할지로다 하나님이 당신을 기뻐하시고 그 자리
에 올리사 당신의 하나님 여호와를 위하여 왕이 되게 하셨도다 당신의 하나님이
이스라엘을 사랑하사 영원히 견고하게 하시려고 당신을 세워 그들의 왕으로 삼
아 정의와 공의를 행하게 하셨도다 하고

9:9 이에 그가 금 백이십 달란트와 매우 많은 향품과 보석을 왕께 드렸으니 스바
여왕이 솔로몬 왕께 드린 향품 같은 것이 전에는 없었더라

유다서 1장 | 지켜야 하는 믿음

1:3 사랑하는 자들아 우리가 일반으로 받은 구원에 관하여 내가 너희에게 편지
하려는 생각이 간절하던 차에 성도에게 단번에 주신 믿음의 도를 위하여 힘써 싸
우라는 편지로 너희를 권하여야 할 필요를 느꼈노니

1:4 이는 가만히 들어온 사람 몇이 있음이라 그들은 옛적부터 이 판결을 받기로
미리 기록된 자니 경건하지 아니하여 우리 하나님의 은혜를 도리어 방탕한 것으
로 바꾸고 홀로 하나이신 주재 곧 우리 주 예수 그리스도를 부인하는 자니라

1:8 그러한데 꿈꾸는 이 사람들도 그와 같이 육체를 더럽히며 권위를 업신여기
며 영광을 비방하는도다

1:20 사랑하는 자들아 너희는 너희의 지극히 거룩한 믿음 위에 자신을 세우며
성령으로 기도하며

1:21 하나님의 사랑 안에서 자신을 지키며 영생에 이르도록 우리 주 예수 그리
스도의 긍휼을 기다리라

스바냐 1장 | 심판의 여호와의 날

1:6 여호와를 배반하고 따르지 아니한 자들과 여호와를 찾지도 아니하며 구하지도 아니한 자들을 멸절하리라

1:14 여호와의 큰 날이 가깝도다 가깝고도 빠르도다 여호와의 날의 소리로다 용사가 거기서 심히 슬피 우는도다

1:15 그날은 분노의 날이요 환난과 고통의 날이요 황폐와 패망의 날이요 캄캄하고 어두운 날이요 구름과 흑암의 날이요

1:16 나팔을 불어 경고하며 견고한 성읍들을 치며 높은 망대를 치는 날이로다

1:17 내가 사람들에게 고난을 내려 맹인 같이 행하게 하리니 이는 그들이 나 여호와께 범죄하였음이라 또 그들의 피는 쏟아져서 티끌 같이 되며 그들의 살은 분토 같이 될지라

1:18 그들의 은과 금이 여호와의 분노의 날에 능히 그들을 건지지 못할 것이며 이 온 땅이 여호와의 질투의 불에 삼켜지리니 이는 여호와가 이 땅 모든 주민을 멸절하되 놀랍게 멸절할 것임이라

누가복음 23장 | 용서와 구원의 십자가

23:26 그들이 예수를 끌고 갈 때에 시몬이라는 구레네 사람이 시골에서 오는 것을 붙들어 그에게 십자가를 지워 예수를 따르게 하더라

23:39 달린 행악자 중 하나는 비방하여 이르되 네가 그리스도가 아니냐 너와 우리를 구원하라 하되

23:40 하나는 그 사람을 꾸짖어 이르되 네가 동일한 정죄를 받고서도 하나님을 두려워하지 아니하느냐

23:41 우리는 우리가 행한 일에 상당한 보응을 받는 것이니 이에 당연하거니와 이 사람이 행한 것은 옳지 않은 것이 없느니라 하고

23:42 이르되 예수여 당신의 나라에 임하실 때에 나를 기억하소서 하니

23:43 예수께서 이르시되 내가 진실로 네게 이르노니 오늘 네가 나와 함께 낙원에 있으리라 하시니라

말씀연결 중심내용

대하 9 하나님의 약속은 반드시 이루어지고, 따라서 하나님의 축복과 구원의 약속을 붙잡아야 한다는 것입니다. 솔로몬에 대한 소문을 듣고 이스라엘을 찾아와 직접 솔로몬을 만난 스바 여왕의 고백입니다. 자신이 소문으로 듣던 것보다 그 지혜가 더 크다는 것입니다. 그 소문이 실제의 지혜보다 절반에도 미치지 못하다고 말합니다.

유 1 예수 그리스도의 십자가와 은혜로 얻은 구원에서 흔들리지 말아야 한다는 것을 말씀하고 있습니다. 곧 하나님의 은혜를 방탕한 것으로 바꾸고 예수 그리스도를 부인하는 자들이 있는데, 이들의 거짓된 진리에 넘어가지 말고 믿음을 지켜야 한다는 것입니다.

습 1 여호와의 날이 가까이 왔고, 그 날은 분노와 환난과 고통과 황폐와 패망의 날이 될 것을 말씀하고 있습니다. 여호와를 배반하고 따르지 않고 찾고 구하지 않은 사람들을 멸절하는 날이 된다는 것을 말씀하고 있습니다. 그리고 무엇보다 주목할 것이, 그들의 은과 금이 여호와의 날의 심판에서 결코 그들을 건지지 못할 것이라 말씀하고 있습니다.

눅 23 예수님과 함께 십자가에 달린 행악자와 예수님의 대화입니다. 한 편에 달린 행악자는 끝까지 예수님을 조롱함으로 그 죄로 인한 심판을 피하지 못했지만, 다른 행악자는 마지막 순간 십자가의 예수님께 은혜를 구하여 구원을 얻게 되었습니다.

말씀묵상

여호와의 날에 심판을 피하고 생명을 구하는 길은 은과 금이 아니라 예수 그리스도의 십자가와 은혜입니다. 하나님의 축복과 구원의 약속을 붙잡고 믿음에서 흔들리지 않으면, 심판의 날이 우리에게는 구원의 날이 됩니다.

말씀적용 오늘의 감사

말씀적용

오늘의 감사

믿음으로 감사

소망으로 감사

사랑으로 감사

말씀암송

유 1:21 하나님의 ☐☐ 안에서 자신을 지키며 ☐☐에 이르도록 우리 주 예수 그리스도의 ☐☐을 기다리라

말씀기도

❶ 여호와의 날을 심판이 아닌 구원의 날로 맞이하게 하소서.
❷ 은이나 금으로 구원을 얻을 수 없음을 깨닫고, 예수 그리스도 십자가의 은혜를 구하며 의지하게 하소서.
❸ 거룩한 믿음에 서서 거짓된 진리에 흔들리지 않게 하시고, 주의 구원의 약속을 붙잡고 끝까지 기다리게 하소서.

말씀배경 지식

가깝도다 (습 1:14)

요시야 왕이 죽은 후, 하나님의 심판이 속히 임하게 되었다. 여기서는 하나님의 심판이 강풍으로 비유되고 있다. 심판은 직접적으로는 스키티아인의 침공을 가리키는 것이지만, 궁극적으로는 '이를 갈며 슬피 울게 될' 최후의 심판을 가리키는 것이다.

344 일차 365

12월 10일

승리와 영광의 자리에 서야 합니다

역대하 10장 | 요한계시록 1장 | 스바냐 2장 | 누가복음 24장

역대하 10장 | 교만으로 인한 분열

10:8 왕은 원로들이 가르치는 것을 버리고 그 앞에 모시고 있는 자기와 함께 자라난 젊은 신하들과 의논하여

10:13 왕이 포학한 말로 대답할새 르호보암이 원로들의 가르침을 버리고

10:14 젊은 신하들의 가르침을 따라 그들에게 말하여 이르되 내 아버지는 너희의 멍에를 무겁게 하였으나 나는 더 무겁게 할지라 내 아버지는 가죽 채찍으로 너희를 치셨으나 나는 전갈 채찍으로 치리라 하니라

10:15 왕이 이같이 백성의 말을 듣지 아니하였으니 이 일은 하나님께로 말미암아 난 것이라 여호와께서 전에 실로 사람 아히야로 하여금 느밧의 아들 여로보암에게 이르신 말씀을 응하게 하심이더라

10:16 온 이스라엘은 왕이 자기들의 말을 듣지 아니함을 보고 왕에게 대답하여 이르되 우리가 다윗과 무슨 관계가 있느냐 이새의 아들에게서 받을 유산이 없도다 이스라엘아 각각 너희의 장막으로 돌아가라 다윗이여 이제 너는 네 집이나 돌보라 하고 온 이스라엘이 그들의 장막으로 돌아가니라

요한계시록 1장 | 인내를 통한 영광

1:9 나 요한은 너희 형제요 예수의 환난과 나라와 참음에 동참하는 자라 하나님의 말씀과 예수를 증언하였음으로 말미암아 밧모라 하는 섬에 있었더니

1:10 주의 날에 내가 성령에 감동되어 내 뒤에서 나는 나팔 소리 같은 큰 음성을 들으니

1:17 내가 볼 때에 그의 발 앞에 엎드러져 죽은 자 같이 되매 그가 오른손을 내게 얹고 이르시되 두려워하지 말라 나는 처음이요 마지막이니

1:18 곧 살아 있는 자라 내가 전에 죽었었노라 볼지어다 이제 세세토록 살아 있어 사망과 음부의 열쇠를 가졌노니

1:19 그러므로 네가 본 것과 지금 있는 일과 장차 될 일을 기록하라

스바냐 2장 | 교만으로 인한 심판

2:3 여호와의 규례를 지키는 세상의 모든 겸손한 자들아 너희는 여호와를 찾으
며 공의와 겸손을 구하라 너희가 혹시 여호와의 분노의 날에 숨김을 얻으리라

2:9 그러므로 만군의 여호와 이스라엘의 하나님이 말하노라 내가 나의 삶을 두
고 맹세하노니 장차 모압은 소돔 같으며 암몬 자손은 고모라 같을 것이라 찔레가
나며 소금 구덩이가 되어 영원히 황폐하리니 내 백성의 남은 자들이 그들을 노략
하며 나의 남은 백성이 그것을 기업으로 얻을 것이라

2:10 그들이 이런 일을 당할 것은 그들이 만군의 여호와의 백성을 훼방하고 교
만하여졌음이라

2:15 이는 기쁜 성이라 염려 없이 거주하며 마음속에 이르기를 오직 나만 있고
나 외에는 다른 이가 없다 하더니 어찌 이와 같이 황폐하여 들짐승이 엎드릴 곳
이 되었는고 지나가는 자마다 비웃으며 손을 흔들리로다

누가복음 24장 | 인내를 통한 승리

24:5 여자들이 두려워 얼굴을 땅에 대니 두 사람이 이르되 어찌하여 살아 있는 자
를 죽은 자 가운데서 찾느냐

24:6 여기 계시지 않고 살아나셨느니라 갈릴리에 계실 때에 너희에게 어떻게 말씀
하셨는지를 기억하라

24:7 이르시기를 인자가 죄인의 손에 넘겨져 십자가에 못 박히고 제삼일에 다시 살
아나야 하리라 하셨느니라 한 대

24:34 말하기를 주께서 과연 살아나시고 시몬에게 보이셨다 하는지라

24:50 예수께서 그들을 데리고 베다니 앞까지 나가사 손을 들어 그들에게 축복하
시더니

24:51 축복하실 때에 그들을 떠나 하늘로 올려지시니

24:52 그들이 그에게 경배하고 큰 기쁨으로 예루살렘에 돌아가

24:53 늘 성전에서 하나님을 찬송하니라

말씀연결 중심내용

대하 10 솔로몬의 뒤를 이어 왕이 된 르호보암은 고역과 무거운 멍에를 가볍게 해 달라는 백성들의 요청을 뿌리치고 멍에를 더욱 무겁게 하는 등 강압적으로 백성들을 통치했습니다. 선왕 솔로몬보다 자신이 더 크고 더 나은 대우를 받아야 한다는 교만함 때문이었습니다. 그리고 결국 이 교만으로 이스라엘 지파들의 반발을 사게 됐고, 나라는 남북으로 분열되어 이후부터 쇠락의 길을 걷게 되었습니다.

계 1 요한도 겸손히 인내하며 주의 고난에 동참함으로 마지막 날의 놀라운 계시를 듣고 볼 수 있었습니다. 악의 세력을 심판하시고 그 백성들을 구원하시는 하나님의 놀라운 승리와 하나님 나라의 영광을 볼 수 있었습니다. 요한은 그리스도의 고난을 피하지 않고 힘써 하나님의 말씀을 전하며 겸손히 그 환난에 동참하였고, 이로 인해 밧모섬에 유배되는 고통에 처했지만, 여기서 하나님의 계시를 듣고 보는 영광의 시간이 있었습니다.

습 2 블레셋, 모압, 암몬, 구수 등의 심판을 말씀하고 있는데, 하나님께서 이들 이방 나라들을 심판하시는 이유가 교만 때문이었습니다. 교만은 분열과 쇠퇴와 심판을 가져옵니다.

눅 24 겸손히 십자가를 지시고, 그 모든 고통과 아픔과 수치를 참고 인내하셨던 예수님에게 부활의 승리가 주어졌음을 볼 수 있습니다. 천사가 예수님의 부활을 전하는 말씀을 통해 예수님께서 그 말씀대로 죽음을 이기시고 부활의 영광에 이르셨다는 것을 볼 수 있습니다.

말씀묵상

교만함은 멸망의 선봉이 됩니다. 따라서 겸손함으로 하나님의 은혜를 구하는 삶을 살아야 합니다. 당장 고난과 고통과 아픔을 겪어야 한다고 할지라도 겸손함으로 하나님의 뜻에 따르며 순종하며 인내하면 하나님께서 승리의 축복을 더하실 것이라는 것을 믿어야 합니다. 오늘 우리도 주를 위한 고난을 피하지 말고 당당히 우리에게 주어진 십자가를 질 수 있어야 합니다.

말씀적용 오늘의 감사

말씀적용

오늘의 감사

믿음으로 감사

소망으로 감사

사랑으로 감사

말씀암송

습 2:3 여호와의 ☐☐를 지키는 세상의 모든 겸손한 자들아 너희는 여호와를 찾으며 ☐☐와 ☐☐을 구하라 너희가 혹시 여호와의 ☐☐의 날에 숨김을 얻으리라

말씀기도

❶ 교만함으로 하나님의 심판과 멸망에 서지 않게 하소서.
❷ 예수 그리스도의 십자가의 인내와 부활의 승리를 바라보며 오늘 우리가 걸어가야 하는 고난을 피하지 않게 하소서.
❸ 주를 위한 고난의 시간 중 주께서 주시는 영광의 시간도 있게 하소서.

말씀배경 지식

사망과 음부의 열쇠를 가졌노니 (계 1:18)

예수 그리스도를 제외하고는 어떤 인간도 죽음을 정복할 수가 없다. 그리스도께서는 죽으셨으나 지금 살아계신 것과 마찬가지로 그의 백성들인 우리들도 죽는다 하더라도 영원토록 예수 그리스도와 함께 살게 될 것이다. 예수 그리스도께서 사망과 음부의 열쇠를 가지셨다는 사실은 모든 인간의 운명의 그리스도의 판결 하에 있다는 것을 암시하고 있는 것이다.

345 일차 / 365

이겨야 합니다

12월 11일

역대하 11-12장 | 요한계시록 2장 | 스바냐 3장 | 요한복음 1장

역대하 11-12장 | 교만으로 넘어지지 말아야 함

11:13 온 이스라엘의 제사장들과 레위 사람들이 그들의 모든 지방에서부터 르호보암에게 돌아오되

11:14 레위 사람들이 자기들의 마을들과 산업을 떠나 유다와 예루살렘에 이르렀으니 이는 여로보암과 그의 아들들이 그들을 해임하여 여호와께 제사장의 직분을 행하지 못하게 하고

11:15 여로보암이 여러 산당과 숫염소 우상과 자기가 만든 송아지 우상을 위하여 친히 제사장들을 세움이라

11:16 이스라엘 모든 지파 중에 마음을 굳게 하여 이스라엘의 하나님 여호와를 찾는 자들이 레위 사람들을 따라 예루살렘에 이르러 그들의 조상들의 하나님 여호와께 제사하고자 한지라

11:17 그러므로 삼 년 동안 유다 나라를 도와 솔로몬의 아들 르호보암을 강성하게 하였으니 이는 무리가 삼 년 동안을 다윗과 솔로몬의 길로 행하였음이더라

12:1 르호보암의 나라가 견고하고 세력이 강해지매 그가 여호와의 율법을 버리니 온 이스라엘이 본받은지라

요한계시록 2장 | 이겨야 함

2:7 귀 있는 자는 성령이 교회들에게 하시는 말씀을 들을지어다 이기는 그에게는 내가 하나님의 낙원에 있는 생명나무의 열매를 주어 먹게 하리라

2:10 너는 장차 받을 고난을 두려워하지 말라 볼지어다 마귀가 장차 너희 가운데에서 몇 사람을 옥에 던져 시험을 받게 하리니 너희가 십 일 동안 환난을 받으리라 네가 죽도록 충성하라 그리하면 내가 생명의 관을 네게 주리라

2:11 귀 있는 자는 성령이 교회들에게 하시는 말씀을 들을지어다 이기는 자는 둘째 사망의 해를 받지 아니하리라

2:17 귀 있는 자는 성령이 교회들에게 하시는 말씀을 들을지어다 이기는 그에게는 내가 감추었던 만나를 주고 또 흰 돌을 줄 터인데 그 돌 위에 새 이름을 기록한 것이 있나니 받는 자 밖에는 그 이름을 알 사람이 없느니라

2:21 또 내가 그에게 회개할 기회를 주었으되 자기의 음행을 회개하고자 하지 아니하는도다

2:26 이기는 자와 끝까지 내 일을 지키는 그에게 만국을 다스리는 권세를 주리니

스바냐 3장 | 은혜를 구해야 함

3:7 내가 이르기를 너는 오직 나를 경외하고 교훈을 받으라 그리하면 내가 형벌
을 내리기로 정하기는 하였지만 너의 거처가 끊어지지 아니하리라 하였으나 그
들이 부지런히 그들의 모든 행위를 더럽게 하였느니라

3:10 내게 구하는 백성들 곧 내가 흩은 자의 딸이 구스 강 건너편에서부터 예물
을 가지고 와서 내게 바칠지라

3:11 그 날에 네가 내게 범죄한 모든 행위로 말미암아 수치를 당하지 아니할 것
은 그 때에 내가 네 가운데서 교만하여 자랑하는 자들을 제거하여 네가 나의 성
산에서 다시는 교만하지 않게 할 것임이라

3:12 내가 곤고하고 가난한 백성을 네 가운데에 남겨 두리니 그들이 여호와의
이름을 의탁하여 보호를 받을지라

3:17 너의 하나님 여호와가 너의 가운데에 계시니 그는 구원을 베푸실 전능자이
시라 그가 너로 말미암아 기쁨을 이기지 못하시며 너를 잠잠히 사랑하시며 너로
말미암아 즐거이 부르며 기뻐하시리라 하리라

요한복음 1장 | 겸손으로 주를 높여야 함

1:14 말씀이 육신이 되어 우리 가운데 거하시매 우리가 그의 영광을 보니 아버지의
독생자의 영광이요 은혜와 진리가 충만하더라

1:23 이르되 나는 선지자 이사야의 말과 같이 주의 길을 곧게 하라고 광야에서 외
치는 자의 소리로라 하니라

1:26 요한이 대답하되 나는 물로 세례를 베풀거니와 너희 가운데 너희가 알지 못하
는 한 사람이 섰으니

1:27 곧 내 뒤에 오시는 그이라 나는 그의 신발끈을 풀기도 감당하지 못하겠노라
하더라

1:29 이튿날 요한이 예수께서 자기에게 나아오심을 보고 이르되 보라 세상 죄를 지
고 가는 하나님의 어린 양이로다

말씀연결 중심내용

대하 11-12 솔로몬의 뒤를 이어 왕이 된 르호보암은 고역과 무거운 멍에를 가볍게 해 달라는 백성들의 요청을 뿌리치고 멍에를 더욱 무겁게 하는 등 강압적으로 백성들을 통치했습니다. 선왕 솔로몬보다 자신이 더 크고 더 나은 대우를 받아야 한다는 교만함 때문이었습니다. 그리고 결국 이 교만으로 이스라엘 지파들의 반발을 사게 됐고, 나라는 남북으로 분열되어 이후부터 쇠락의 길을 걷게 되었습니다.

계 2 요한계시록 2장은 소아시아 일곱개 교회 중 에베소, 서머나, 버가모, 두아디라 교회에 보내는 편지로, 모든 교회에 동일하게 강조하는 말씀이 이겨야 한다는 것입니다. 이기는 자에게 하나님의 낙원에 있는 생명나무의 열매를 주고, 둘째 사망의 해를 받지 않게 하며, 만국을 다스리는 권세를 준다고 말씀하십니다.

습 3 블레셋, 모압, 암몬, 구수 등의 심판을 말씀하고 있는데, 하나님께서 이들 이방 나라들을 심판하시는 이유가 교만 때문이었습니다. 교만은 분열과 쇠퇴와 심판을 가져옵니다.

요 1 겸손히 십자가를 지시고, 그 모든 고통과 아픔과 수치를 참고 인내하셨던 예수님에게 부활의 승리가 주어졌음을 볼 수 있습니다. 천사가 예수님의 부활을 전하는 말씀을 통해 예수님께서 그 말씀대로 죽음을 이기시고 부활의 영광에 이르셨다는 것을 볼 수 있습니다.

말씀묵상

믿음의 삶에 여러 환난과 핍박과 유혹이 있는데 결코 넘어지지 말고 이겨야 합니다. 당장 고난과 고통과 아픔을 겪어야 한다고 할지라도 겸손함으로 하나님의 뜻에 따르며 순종하며 인내하면 하나님께서 승리의 축복을 더하실 것이라는 것을 믿어야 합니다. 주님을 높이는 삶에서 교만은 틈을 타고 들어올 수 없습니다.

말씀적용 오늘의 감사

말씀적용

오늘의 감사

믿음으로 감사

소망으로 감사

사랑으로 감사

말씀암송

요 1:14 ☐☐이 육신이 되어 우리 가운데 거하시매 우리가 그의 영광을 보니 아버지의 독생자의 ☐☐이요 ☐☐와 ☐☐가 충만하더라

말씀기도

❶ 믿음의 삶에서 오는 여러 환난과 유혹을 이기게 하소서.
❷ 잠깐의 승리와 형통이 교만으로 이어지지 않도록 형통할 때에 더욱 스스로를 살피며 겸손함에 힘쓰게 하소서.
❸ 항상 주를 높이는 삶을 살게 하시며, 조금의 교만함도 우리 안에 자리 잡지 못하도록 주께서 제거하여 주소서.

말씀배경 지식

구스 강 건너편에서부터 (습 3:10)

심판이 끝나면 여호와께서 그의 백성을 전 포로 지역에서부터 본토로 귀환시킬 것이다. 구스(에티오피아)와 같이 먼 땅까지도 하나님의 주권적인 은혜를 체험하게 될 것이다.

346 일차 365

이것으로 승리할 수 있습니다

12월 12일

역대하 13장 | 요한계시록 3장 | 학개 1장 | 요한복음 2장

역대하 13장 | 의지함으로 이룬 승리

13:10 우리에게는 여호와께서 우리 하나님이 되시니 우리가 그를 배반하지 아니하였고 여호와를 섬기는 제사장들이 있으니 아론의 자손이요 또 레위 사람들이 수종 들어

13:11 매일 아침 저녁으로 여호와 앞에 번제를 드리며 분향하며 또 깨끗한 상에 진설병을 놓고 또 금 등잔대가 있어 그 등에 저녁마다 불을 켜나니 우리는 우리 하나님 여호와의 계명을 지키나 너희는 그를 배반하였느니라

13:14 유다 사람이 뒤를 돌아보고 자기 앞 뒤의 적병으로 말미암아 여호와께 부르짖고 제사장들은 나팔을 부니라

13:18 그 때에 이스라엘 자손이 항복하고 유다 자손이 이겼으니 이는 그들이 그들의 조상들의 하나님 여호와를 의지하였음이라

요한계시록 3장 | 인내함으로 이룬 승리

3:5 이기는 자는 이와 같이 흰 옷을 입을 것이요 내가 그 이름을 생명책에서 결코 지우지 아니하고 그 이름을 내 아버지 앞과 그의 천사들 앞에서 시인하리라

3:8 볼지어다 내가 네 앞에 열린 문을 두었으되 능히 닫을 사람이 없으리라 내가 네 행위를 아노니 네가 작은 능력을 가지고서도 내 말을 지키며 내 이름을 배반하지 아니하였도다

3:9 보라 사탄의 회당 곧 자칭 유대인이라 하나 그렇지 아니하고 거짓말 하는 자들 중에서 몇을 네게 주어 그들로 와서 네 발 앞에 절하게 하고 내가 너를 사랑하는 줄을 알게 하리라

3:10 네가 나의 인내의 말씀을 지켰은즉 내가 또한 너를 지켜 시험의 때를 면하게 하리니 이는 장차 온 세상에 임하여 땅에 거하는 자들을 시험할 때라

3:11 내가 속히 오리니 네가 가진 것을 굳게 잡아 아무도 네 면류관을 빼앗지 못하게 하라

3:21 이기는 그에게는 내가 내 보좌에 함께 앉게 하여 주기를 내가 이기고 아버지 보좌에 함께 앉은 것과 같이 하리라

오늘의 찬양
찬송가 212장 | 겸손히 주를 섬길 때

맥체인성경365
1965p

학개 1장 | 순종함으로 이룬 승리

1:5 그러므로 이제 만군의 여호와가 이같이 말하노니 너희는 너희의 행위를 살
필지니라

1:8 너희는 산에 올라가서 나무를 가져다가 성전을 건축하라 그리하면 내가 그
것으로 말미암아 기뻐하고 또 영광을 얻으리라 여호와가 말하였느니라

1:12 스알디엘의 아들 스룹바벨과 여호사닥의 아들 대제사장 여호수아와 남은
모든 백성이 그들의 하나님 여호와의 목소리와 선지자 학개의 말을 들었으니 이
는 그들의 하나님 여호와께서 그를 보내셨음이라 백성이 다 여호와를 경외하매

1:13 그 때에 여호와의 사자 학개가 여호와의 위임을 받아 백성에게 말하여 이
르되 여호와가 말하노니 내가 너희와 함께 하노라 하니라

1:14 여호와께서 스알디엘의 아들 유다 총독 스룹바벨의 마음과 여호사닥의 아
들 대제사장 여호수아의 마음과 남은 모든 백성의 마음을 감동시키시매 그들이
와서 만군의 여호와 그들의 하나님의 전 공사를 하였으니

요한복음 2장 | 믿음으로 이룬 승리

2:5 그의 어머니가 하인들에게 이르되 너희에게 무슨 말씀을 하시든지 그대로 하
라 하니라

2:9 연회장은 물로 된 포도주를 맛보고도 어디서 났는지 알지 못하되 물 떠온 하인
들은 알더라 연회장이 신랑을 불러

2:10 말하되 사람마다 먼저 좋은 포도주를 내고 취한 후에 낮은 것을 내거늘 그대
는 지금까지 좋은 포도주를 두었도다 하니라

2:19 예수께서 대답하여 이르시되 너희가 이 성전을 헐라 내가 사흘 동안에 일으키
리라

2:21 그러나 예수는 성전된 자기 육체를 가리켜 말씀하신 것이라

2:22 죽은 자 가운데서 살아나신 후에야 제자들이 이 말씀하신 것을 기억하고 성경
과 예수께서 하신 말씀을 믿었더라

말씀연결 중심내용

대하 13 남왕국 유다는 북왕국 이스라엘과의 전쟁에서 하나님을 의지하여 승리했습니다. 유다 왕 아비야는 이스라엘의 여로보암의 군사보다 절반밖에 안 되는 군사로, 앞뒤로 둘러싸인 적들을 상대해야 했지만, 부르짖어 하나님의 도우심을 구하며 하나님을 의지했고, 앞장 서 싸우시는 하나님의 도우심으로 승리할 수 있었습니다.

계 3 주님께서 빌라델비아 교회를 향해 하신 칭찬의 말씀입니다. 빌라델비아 교회는 작은 능력을 가지고도 주님의 말씀을 지키며 주님의 이름을 배반하지 않았습니다. 주님의 말씀을 따라 시험과 환난을 인내했습니다.

학 1 백성들이 학개 선지자를 통해 주시는 하나님의 말씀을 듣고 순종했다는 말씀입니다. 백성들이 포로에서 해방되어 예루살렘 돌아왔으나 하나님의 성전 건축은 중단한 채 황폐한 그대로 두었습니다. 하나님은 학개 선지자를 보내셔서 하나님의 성전은 황폐한 상태로 방치하고 있음을 지적하며, 돌이켜 성전을 건축하라고 명령했습니다. 이에 백성들이 하나님의 말씀을 듣고 순종하여 성전 건축에 힘을 냈습니다.

요 2 예수님도 참석하신 가나 혼인 잔치에서 중요한 포도주가 떨어졌습니다. 이 사실을 알게 된 예수님의 어머니 마리아는 예수님께 도움을 구했습니다. 예수님은 이 문제를 해결할 수 있음을 믿은 것입니다. 예수님의 거절에도 마리아는 포기하지 않았습니다. 하인들에게 예수님의 어떤 명령에도 따를 것을 지시했습니다.

말씀묵상

어떤 어려운 상황에서도 하나님을 의지하면 하나님의 도움과 승리를 경험할 수 있습니다. 환난과 핍박 중에도 타협하지 않고 말씀을 지키며 인내하면, 갚으시고 보상하시는 하나님의 축복이 있습니다. 하나님께 순종하고자 하는 사람들을 하나님께서 친히 도와 온전한 순종을 할 수 있게 하십니다.

말씀적용 오늘의 감사

말씀적용

오늘의 감사

믿음으로 감사

소망으로 감사

사랑으로 감사

말씀암송

계 3:10 네가 나의 인내의 말씀을 지켰은즉 내가 또한 너
를 지켜 [ ][ ]의 때를 면하게 하리니 이는 장차 온 세상
에 임하여 땅에 거하는 자들을 [ ][ ]할 때라

말씀기도

❶ 하나님을 의지하고 끝까지 말씀을 지키고 인내함으로 하나님이 주시는 승리를 경험하게 하소서.

❷ 하나님의 말씀으로 우리 자신을 돌아보고 돌이키는 순종의 삶을 살게 하소서.

❸ 거절되는 것 같은 상황에서도 포기하지 않고 믿음을 가져 주의 기적을 경험하게 하소서.

말씀배경 지식

금 등잔대
(대하 13:11)

솔로몬의 성전에는 이러한 등잔대가 열 개 있었는데, 그 중 하나는 모세가 만든 것이 확실하다.

347 일차 / 365

12월 13일

쉬지 않고 찬양해야 합니다

역대하 14-15장 | 요한계시록 4장 | 학개 2장 | 요한복음 3장

역대하 14-15장 | 승리를 주시는 하나님

14:11 아사가 그의 하나님 여호와께 부르짖어 이르되 여호와여 힘이 강한 자와
약한 자 사이에는 주밖에 도와 줄 이가 없사오니 우리 하나님 여호와여 우리를
도우소서 우리가 주를 의지하오며 주의 이름을 의탁하옵고 이 많은 무리를 치러
왔나이다 여호와여 주는 우리 하나님이시오니 원하건대 사람이 주를 이기지 못
하게 하옵소서 하였더니

14:12 여호와께서 구스 사람들을 아사와 유다 사람들 앞에서 치시니 구스 사람
들이 도망하는지라

15:2 그가 나가서 아사를 맞아 이르되 아사와 및 유다와 베냐민의 무리들아 내
말을 들으라 너희가 여호와와 함께 하면 여호와께서 너희와 함께 하실지라 너희
가 만일 그를 찾으면 그가 너희와 만나게 되시려니와 너희가 만일 그를 버리면
그도 너희를 버리시리라

15:15 온 유다가 이 맹세를 기뻐한지라 무리가 마음을 다하여 맹세하고 뜻을 다
하여 여호와를 찾았으므로 여호와께서도 그들을 만나 주시고 그들의 사방에 평
안을 주셨더라

요한계시록 4장 | 쉬지 않는 찬양

4:8 네 생물은 각각 여섯 날개를 가졌고 그 안과 주위에는 눈들이 가득하더라 그
들이 밤낮 쉬지 않고 이르기를 거룩하다 거룩하다 거룩하다 주 하나님 곧 전능하
신 이여 전에도 계셨고 이제도 계시고 장차 오실 이시라 하고

4:9 그 생물들이 보좌에 앉으사 세세토록 살아 계시는 이에게 영광과 존귀와 감
사를 돌릴 때에

4:10 이십사 장로들이 보좌에 앉으신 이 앞에 엎드려 세세토록 살아 계시는 이
에게 경배하고 자기의 관을 보좌 앞에 드리며 이르되

4:11 우리 주 하나님이여 영광과 존귀와 권능을 받으시는 것이 합당하오니 주께
서 만물을 지으신지라 만물이 주의 뜻대로 있었고 또 지으심을 받았나이다 하더
라

오늘의 찬양
찬송가 304장 | 그 크신 하나님의 사랑

맥체인성경365
1969p

학개 2장 | 복을 주시는 하나님

2:4 그러나 여호와가 이르노라 스룹바벨아 스스로 굳세게 할지어다 여호사닥의 아들 대제사장 여호수아야 스스로 굳세게 할지어다 여호와의 말이니라 이 땅 모든 백성아 스스로 굳세게 하여 일할지어다 내가 너희와 함께 하노라 만군의 여호와의 말이니라

2:7 또한 모든 나라를 진동시킬 것이며 모든 나라의 보배가 이르리니 내가 이 성전에 영광이 충만하게 하리라 만군의 여호와의 말이니라

2:9 이 성전의 나중 영광이 이전 영광보다 크리라 만군의 여호와의 말이니라 내가 이 곳에 평강을 주리라 만군의 여호와의 말이니라

2:19 곡식 종자가 아직도 창고에 있느냐 포도나무, 무화과나무, 석류나무, 감람나무에 열매가 맺지 못하였느니라 그러나 오늘부터는 내가 너희에게 복을 주리라

2:23 만군의 여호와가 말하노라 스알디엘의 아들 내 종 스룹바벨아 여호와가 말하노라 그 날에 내가 너를 세우고 너를 인장으로 삼으리니 이는 내가 너를 택하였음이니라 만군의 여호와의 말이니라 하시니라

요한복음 3장 | 영생을 주시는 하나님

3:3 예수께서 대답하여 이르시되 진실로 진실로 네게 이르노니 사람이 거듭나지 아니하면 하나님의 나라를 볼 수 없느니라

3:15 이는 그를 믿는 자마다 영생을 얻게 하려 하심이니라

3:16 하나님이 세상을 이처럼 사랑하사 독생자를 주셨으니 이는 그를 믿는 자마다 멸망하지 않고 영생을 얻게 하려 하심이라

3:17 하나님이 그 아들을 세상에 보내신 것은 세상을 심판하려 하심이 아니요 그로 말미암아 세상이 구원을 받게 하려 하심이라

3:36 아들을 믿는 자에게는 영생이 있고 아들에게 순종하지 아니하는 자는 영생을 보지 못하고 도리어 하나님의 진노가 그 위에 머물러 있느니라

말씀연결 중심내용

대하 14-15 아사 왕 때에 구스 사람 세라가 군사 백만 명과 병거 삼백 대를 거느리고 유다를 침략했습니다. 유다로서는 침략해오는 대군과 맞서 싸워 승리를 장담할 수 없었습니다. 아사 왕은 하나님만을 절대적으로 의지하며 부르짖어 도움을 구했습니다. 그 결과, 아사 왕이 구한대로 하나님께서 구스 사람들과 싸우셨고, 유다에게 승리를 주셨습니다.

계 4 요한이 환상 중에 하늘에 열린 문을 통해 하늘로 올라가 하늘에서 드려지는 예배를 보고 전한 말씀입니다. 하나님의 보좌 주위에 네 생물과, 보좌 둘레에 있는 이십사 장로들이 거룩하신 하나님을 찬양하며 예배함을 보았는데, 네 생물들이 밤낮 쉬지 않고 찬양했다는 것입니다.

학 2 하나님의 말씀을 듣고 돌이켜 성전 건축에 헌신한 백성들을 향해 하나님께서 복을 주신다는 약속입니다. 이전까지는 전염병 등 하나님의 재앙으로 어렵고 힘든 시간을 보냈지만, 성전 건축을 위해 헌신하여 기초를 놓은 오늘부터 복을 주신다는 것입니다.

요 3 우리를 사랑하여 독생자 예수 그리스도를 이 땅에 보내시고 심판이 아닌 구원을 주고자 하신다는 것입니다. 하나님은 사랑으로 세상 누구도 멸망하지 않고 구원하고자 하십니다. 우리에게 영생을 주시고 구원하시는 하나님을 쉬지 않고 찬양해야 합니다.

말씀묵상

절대적으로 하나님을 의지하며 기도해야 하고, 승리 주시는 하나님을 힘써 찬양해야 합니다. 우리의 찬양도 쉬지 말아야 합니다. 쉬지 말고 기도할 뿐만 아니라, 쉬지 말고 찬양해야 합니다. 하나님은 우리의 순종과 작은 헌신에도 기뻐하며 축복하십니다.

말씀적용 오늘의 감사

말씀적용

오늘의 감사

믿음으로 감사

소망으로 감사

사랑으로 감사

말씀배경 지식

그러나 오늘부터는 내가 너희에게 복을 주리라 (학 2:19)

순종의 길에 들어선 이스라엘은 상황이 완전히 바뀌었다. 학개 선지자는 농업 전문가로서 풍작을 예고하고 있는 것이 아니라, 하나님의 선지자로서 신앙과 믿음에 복과 번영이 있을 것을 선포하고 있는 것이다. 복을 거두실 수 있는 하나님께서는 신실한 백성들에게 복을 베푸실 수도 있는 것이다.

말씀암송

요 3:16 하나님이 세상을 이처럼 사랑하사 [ ][ ][ ]를 주셨으니 이는 그를 믿는 자마다 멸망하지 않고 [ ][ ]을 얻게 하려 하심이라

말씀기도

❶ 우리의 앞에서 친히 싸우시는 하나님을 의지하게 하시고, 그 하나님이 주시는 승리를 누리게 하소서.

❷ 오늘부터 너희에게 복을 주리라는 말씀을 하나님의 약속으로 붙잡게 하시고, 더욱 순종하며 헌신하게 하소서.

❸ 이 땅에 오신 예수 그리스도를 믿음으로, 그를 믿는 자마다 주시는 영생의 축복을 누리게 하소서.

348 일차 365

12월 14일

주님께서 이기셨습니다

역대하 16장 | 요한계시록 5장 | 스가랴 1장 | 요한복음 4장

역대하 16장 | 변하지 말아야 함

16:7 그 때에 선견자 하나니가 유다 왕 아사에게 나와서 그에게 이르되 왕이 아
람 왕을 의지하고 왕의 하나님 여호와를 의지하지 아니하였으므로 아람 왕의 군
대가 왕의 손에서 벗어났나이다

16:8 구스 사람과 룹 사람의 군대가 크지 아니하며 말과 병거가 심히 많지 아니
하더이까 그러나 왕이 여호와를 의지하였으므로 여호와께서 왕의 손에 넘기셨나
이다

16:9 여호와의 눈은 온 땅을 두루 감찰하사 전심으로 자기에게 향하는 자들을 위
하여 능력을 베푸시나니 이 일은 왕이 망령되이 행하였은즉 이 후부터는 왕에게
전쟁이 있으리이다 하매

16:10 아사가 노하여 선견자를 옥에 가두었으니 이는 그의 말에 크게 노하였음
이며 그 때에 아사가 또 백성 중에서 몇 사람을 학대하였더라

요한계시록 5장 | 이기신 예수님

5:5 장로 중의 한 사람이 내게 말하되 울지 말라 유대 지파의 사자 다윗의 뿌리
가 이겼으니 그 두루마리와 그 일곱 인을 떼시리라 하더라

5:8 그 두루마리를 취하시매 네 생물과 이십사 장로들이 그 어린 양 앞에 엎드려
각각 거문고와 향이 가득한 금 대접을 가졌으니 이 향은 성도의 기도들이라

5:12 큰 음성으로 이르되 죽임을 당하신 어린 양은 능력과 부와 지혜와 힘과 존
귀와 영광과 찬송을 받으시기에 합당하도다 하더라

5:13 내가 또 들으니 하늘 위에와 땅 위에와 땅 아래와 바다 위에와 또 그 가운데
모든 피조물이 이르되 보좌에 앉으신 이와 어린 양에게 찬송과 존귀와 영광과 권
능을 세세토록 돌릴지어다 하니

5:14 네 생물이 이르되 아멘 하고 장로들은 엎드려 경배하더라

오늘의 찬양
찬송가 270장 | 변찮는 주님의 사랑과

맥체인성경365
1975p

스가랴 1장 | 돌아가야 함

1:3 그러므로 너는 그들에게 말하기를 만군의 여호와께서 이처럼 이르시되 너희는 내게로 돌아오라 만군의 여호와의 말이니라 그리하면 내가 너희에게로 돌아가리라 만군의 여호와의 말이니라

1:4 너희 조상들을 본받지 말라 옛적 선지자들이 그들에게 외쳐 이르되 만군의 여호와께서 이같이 말씀하시기를 너희가 악한 길, 악한 행위를 떠나서 돌아오라 하셨다 하나 그들이 듣지 아니하고 내게 귀를 기울이지 아니하였느니라 여호와의 말이니라

1:16 그러므로 여호와가 이처럼 말하노라 내가 불쌍히 여기므로 예루살렘에 돌아왔은즉 내 집이 그 가운데에 건축되리니 예루살렘 위에 먹줄이 쳐지리라 만군의 여호와의 말이니라

1:17 그가 다시 외쳐 이르기를 만군의 여호와의 말씀에 나의 성읍들이 넘치도록 다시 풍부할 것이라 여호와가 다시 시온을 위로하며 다시 예루살렘을 택하리라 하라 하니라

요한복음 4장 | 구해야 함

4:10 예수께서 대답하여 이르시되 네가 만일 하나님의 선물과 또 네게 물 좀 달라 하는 이가 누구인 줄 알았더라면 네가 그에게 구하였을 것이요 그가 생수를 네게 주었으리라

4:13 예수께서 대답하여 이르시되 이 물을 마시는 자마다 다시 목마르려니와

4:14 내가 주는 물을 마시는 자는 영원히 목마르지 아니하리니 내가 주는 물은 그 속에서 영생하도록 솟아나는 샘물이 되리라

4:23 아버지께 참되게 예배하는 자들은 영과 진리로 예배할 때가 오나니 곧 이 때라 아버지께서는 자기에게 이렇게 예배하는 자들을 찾으시느니라

4:24 하나님은 영이시니 예배하는 자가 영과 진리로 예배할지니라

4:42 그 여자에게 말하되 이제 우리가 믿는 것은 네 말로 인함이 아니니 이는 우리가 친히 듣고 그가 참으로 세상의 구주신 줄 앎이라 하였더라

말씀연결 중심내용

대하 16 유다의 아사 왕은 하나님을 의지하여 구스의 백만 명의 군사를 물리치고 승리했습니다. 그러나 하나님을 의지하는 믿음이 변하여, 북 왕국 이스라엘의 침략에 하나님이 아닌 아람을 의지하였습니다. 그리고 이를 책망하는 선견자를 핍박하고 그 전하는 하나님의 말씀을 듣기를 거절했습니다. 위독하여 병이 든 후에도 깨닫지 못하고 하나님이 아닌 의원들을 의지하며 도움을 구했습니다.

계 5 다윗의 뿌리 곧 예수님은 죄와 사망의 권세를 이기셨습니다. 십자가를 통해 온 인류를 구원하시고 부활하셔서 하나님의 보좌 우편 영광의 자리에 서셨습니다. 예수님은 능력과 부와 지혜와 힘과 존귀와 영광과 찬송을 받으시기에 합당할 뿐만 아니라, 심판의 주로서 일곱 인을 떼실 권세가 있으시다는 것입니다.

슥 1 그 백성들에게 돌아오라는 하나님의 명령입니다. 그 조상들이 하나님의 명령에 순종하지 않고, 악한 길과 행위에서 돌아오지 않아 심판에 이르렀던 사실을 언급하시며, 그 조상들을 본받지 말고 돌아오라 명령하신 것입니다. 돌아오면 하나님도 그 백성들에게 돌아가신다는 것입니다.

요 4 예수님은 다시 목마르지 않는 영생의 물을 주시는 분이라는 것을 말씀하시며 구하는 자에게 그 생수를 주신다는 것을 보여줍니다.

말씀묵상

심판의 주되신 예수님께서 심판의 인을 떼시기 전에 돌아가야 합니다. 변하지 말고 끝까지 예수님을 의지하여 심판이 아닌 승리의 예수님을 경험해야 합니다. 죄와 사망의 권세를 이기신 예수님이 영생하도록 솟아나는 생수를 주심을 깨닫고 구해야 합니다.

말씀적용 오늘의 감사

말씀적용

오늘의 감사

믿음으로 감사

소망으로 감사

사랑으로 감사

말씀배경 지식

선견자 하나니 (대하 16:7)

하나니는 예후의 부친이며, 아사의 아들 여호사밧의 선지자였다.

말씀암송

요 4:24 하나님은 [ ] 이시니 예배하는 자가 [ ] 과 [ ] 로 예배할지니라

말씀기도

❶ 하나님께 돌아가 하나님의 은혜를 경험하게 하시고, 회복의 축복과 좋은 것들로 풍성케 하시는 축복을 누리게 하소서.

❷ 주님이 주시는 영생하도록 솟아나는 생수로 생명과 기쁨이 넘치는 삶을 살게 하소서.

❸ 하나님을 의지하는 믿음이 변하지 않게 하시며, 항상 하나님의 말씀으로 스스로를 돌아보고 돌이키는 겸손함을 주소서.

349 일차 365

12월 15일

주께 구해야 합니다

역대하 17장 | 요한계시록 6장 | 스가랴 2장 | 요한복음 5장

역대하 17장 | 하나님께 구해야 함

17:3 여호와께서 여호사밧과 함께 하셨으니 이는 그가 그의 조상 다윗의 처음 길로 행하여 바알들에게 구하지 아니하고

17:4 오직 그의 아버지의 하나님께 구하며 그의 계명을 행하고 이스라엘의 행위를 따르지 아니하였음이라

17:5 그러므로 여호와께서 나라를 그의 손에서 견고하게 하시매 유다 무리가 여호사밧에게 예물을 드렸으므로 그가 부귀와 영광을 크게 떨쳤더라

17:6 그가 전심으로 여호와의 길을 걸어 산당들과 아세라 목상들도 유다에서 제거하였더라

17:9 그들이 여호와의 율법책을 가지고 유다에서 가르치되 그 모든 유다 성읍들로 두루 다니며 백성들을 가르쳤더라

요한계시록 6장 | 포기하지 않고 구해야 함

6:1 내가 보매 어린 양이 일곱 인 중의 하나를 떼시는데 그 때에 내가 들으니 네 생물 중의 하나가 우렛소리 같이 말하되 오라 하기로

6:10 큰 소리로 불러 이르되 거룩하고 참되신 대주재여 땅에 거하는 자들을 심판하여 우리 피를 갚아 주지 아니하시기를 어느 때까지 하시려 하나이까 하니

6:11 각각 그들에게 흰 두루마기를 주시며 이르시되 아직 잠시 동안 쉬되 그들의 동무 종들과 형제들도 자기처럼 죽임을 당하여 그 수가 차기까지 하라 하시더라

6:17 그들의 진노의 큰 날이 이르렀으니 누가 능히 서리요 하더라

오늘의 찬양
찬송가 484장 | 내 맘의 주여 소망되소서

맥체인성경365
1980p

스가랴 2장 | 소망으로 구해야 함

2:4 이르되 너는 달려가서 그 소년에게 말하여 이르기를 예루살렘은 그 가운데 사람과 가축이 많으므로 성곽 없는 성읍이 될 것이라 하라

2:5 여호와의 말씀에 내가 불로 둘러싼 성곽이 되며 그 가운데에서 영광이 되리라

2:6 오호라 너희는 북방 땅에서 도피할지어다 여호와의 말씀이니라 이는 내가 너희를 하늘 사방에 바람 같이 흩어지게 하였음이니라 여호와의 말씀이니라

2:7 바벨론 성에 거주하는 시온아 이제 너는 피할지니라

2:10 여호와의 말씀에 시온의 딸아 노래하고 기뻐하라 이는 내가 와서 네 가운데에 머물 것임이라

2:12 여호와께서 장차 유다를 거룩한 땅에서 자기 소유를 삼으시고 다시 예루살렘을 택하시리니

2:13 모든 육체가 여호와 앞에서 잠잠할 것은 여호와께서 그의 거룩한 처소에서 일어나심이니라 하라 하더라

요한복음 5장 | 참된 소망

5:6 예수께서 그 누운 것을 보시고 병이 벌써 오래된 줄 아시고 이르시되 네가 낫고자 하느냐

5:8 예수께서 이르시되 일어나 네 자리를 들고 걸어가라 하시니

5:14 그 후에 예수께서 성전에서 그 사람을 만나 이르시되 보라 네가 나았으니 더 심한 것이 생기지 않게 다시는 죄를 범하지 말라 하시니

5:19 그러므로 예수께서 그들에게 이르시되 내가 진실로 진실로 너희에게 이르노니 아들이 아버지께서 하시는 일을 보지 않고는 아무 것도 스스로 할 수 없나니 아버지께서 행하시는 그것을 아들도 그와 같이 행하느니라

5:22 아버지께서 아무도 심판하지 아니하시고 심판을 다 아들에게 맡기셨으니

5:24 내가 진실로 진실로 너희에게 이르노니 내 말을 듣고 또 나 보내신 이를 믿는 자는 영생을 얻었고 심판에 이르지 아니하나니 사망에서 생명으로 옮겼느니라

말씀연결 중심내용

대하 17 여호사밧 왕은 전심으로 하나님의 길을 따르며 우상을 제거했습니다. 힘써 하나님의 말씀을 지키며 하나님을 의지하고 하나님께 구했습니다. 그 결과 하나님께서 그를 축복하시고 그 나라를 견고하게 하셨다는 것입니다.

계 6 다섯째인 재앙에서 나타난 일입니다. 믿음으로 인해 핍박받고 순교한 신앙인들이 제단 아래에서 언제 우리의 아픔을 갚아 주실 것이냐고 신원한다는 것입니다. 그때에 주시는 말씀이 순교의 수가 차기까지 더 기다려야 한다는 것입니다. 곧 하나님의 때가 있다는 것이고, 그때에 반드시 하나님은 그들의 기도에 응답하시고 그 신원을 갚아 주신다는 것입니다.

슥 2 스가랴가 본 측량줄을 잡은 소년에 대한 환상입니다. 한 소년이 측량줄을 잡고 예루살렘을 측량하고자 지나갔는데, 천사가 다른 천사에게, 측량줄을 잡은 소년을 따라가 하나님께서 예루살렘을 번성케 하셔서 결코 성벽을 두를 수 없을 만큼 커진다는 것을 알리라는 것입니다. 따라서 측량할 수 없다는 것입니다. 하나님이 친히 예루살렘의 불성벽이 되시겠다는 것입니다.

요 5 베데스다 못에 머물며 천사가 내려와 물을 움직이게 해 주기를, 또한 누군가가 못에 자신을 넣어주기를 바라던 38년 된 병자에게 예수님께서 하신 말씀입니다. 낫기를 바란다면 확신할 수 없는 전설, 곧 베데스다가 아니라 예수님께 소망을 두어야 한다는 것입니다. 그 앞에 계신 예수님이 해답이 되신다는 것입니다.

말씀묵상

우상이 아닌 하나님이 참 해답이요, 능력이 되시기 때문에 하나님께 구해야 합니다. 헛된 소망에서 돌이켜 예수님께 소망을 두고 예수님께 구해야 합니다. 당장의 작은 것으로 마음 졸이지 말고 하나님의 큰 계획을 바라보고 소망하며 구해야 합니다.

말씀적용 오늘의 감사

말씀적용

오늘의 감사

믿음으로 감사

소망으로 감사

사랑으로 감사

말씀암송

슥 2:5 여호와의 [ ][ ]에 내가 [ ]로 둘러싼 성곽이 되며 그 가운데에서 [ ][ ]이 되리라

말씀기도

❶ 참된 해답은 주님께 있음을 깨닫고 주님께만 구하게 하시고, 주님께서 이루어주시는 놀라운 능력과 축복을 누리게 하소서.

❷ 우리의 아픔과 고통을 아시고, 우리의 간구에 응답하실 하나님을 믿고, 응답의 때까지 인내하며 기다리게 하소서.

❸ 당장의 작은 일로 낙심하지 말게 하시고, 더 크고 놀라운 하나님의 뜻과 계획을 꿈꾸고 바라보며 소망을 갖게 하소서.

말씀배경 지식

너희는 북방 땅에서 도피할지어다 (슥 2:6)

일부 유대인들은 나이가 너무 들었거나 그 밖의 다른 이유로 바벨론에 그대로 남아 있기를 결정했다. 이에 하나님께서는 그들에게 이제 심판 받을 도시를 떠나라고 강하게 권면하시고 있다.

350 일차 365

주를 떠나지 않아야 합니다

12월 16일

역대하 18장 | 요한계시록 7장 | 스가랴 3장 | 요한복음 6장

역대하 18장 | 하나님의 도움

18:5 이스라엘 왕이 이에 선지자 사백 명을 모으고 그들에게 이르되 우리가 길르앗 라못에 가서 싸우랴 말랴 하니 그들이 이르되 올라가소서 하나님이 그 성읍을 왕의 손에 붙이시리이다 하더라

18:13 미가야가 이르되 여호와께서 살아 계심을 두고 맹세하노니 내 하나님께서 말씀하시는 것 곧 그것을 내가 말하리라 하고

18:21 그가 이르되 내가 나가서 거짓말하는 영이 되어 그의 모든 선지자들의 입에 있겠나이다 하니 여호와께서 이르시되 너는 꾀겠고 또 이루리라 나가서 그리 하라 하셨은즉

18:31 병거의 지휘관들이 여호사밧을 보고 이르되 이가 이스라엘 왕이라 하고 돌아서서 그와 싸우려 한즉 여호사밧이 소리를 지르매 여호와께서 그를 도우시며 하나님이 그들을 감동시키사 그를 떠나가게 하신지라

요한계시록 7장 | 하나님의 위로

7:4 내가 인침을 받은 자의 수를 들으니 이스라엘 자손의 각 지파 중에서 인침을 받은 자들이 십사만 사천이니

7:9 이 일 후에 내가 보니 각 나라와 족속과 백성과 방언에서 아무도 능히 셀 수 없는 큰 무리가 나와 흰 옷을 입고 손에 종려 가지를 들고 보좌 앞과 어린 양 앞에 서서

7:10 큰 소리로 외쳐 이르되 구원하심이 보좌에 앉으신 우리 하나님과 어린 양에게 있도다 하니

7:14 내가 말하기를 내 주여 당신이 아시나이다 하니 그가 나에게 이르되 이는 큰 환난에서 나오는 자들인데 어린 양의 피에 그 옷을 씻어 희게 하였느니라

7:16 그들이 다시는 주리지도 아니하며 목마르지도 아니하고 해나 아무 뜨거운 기운에 상하지도 아니하리니

7:17 이는 보좌 가운데에 계신 어린 양이 그들의 목자가 되사 생명수 샘으로 인도하시고 하나님께서 그들의 눈에서 모든 눈물을 씻어 주실 것임이라

오늘의 찬양
찬송가 359장 | 천성을 향해 가는 성도들아

맥체인성경365
1985p

스가랴 3장 | 하나님의 은혜

3:2 여호와께서 사탄에게 이르시되 사탄아 여호와께서 너를 책망하노라 예루살
렘을 택한 여호와께서 너를 책망하노라 이는 불에서 꺼낸 그슬린 나무가 아니냐
하실 때에

3:4 여호와께서 자기 앞에 선 자들에게 명령하사 그 더러운 옷을 벗기라 하시고
또 여호수아에게 이르시되 내가 네 죄악을 제거하여 버렸으니 네게 아름다운 옷
을 입히리라 하시기로

3:9 만군의 여호와가 말하노라 내가 너 여호수아 앞에 세운 돌을 보라 한 돌에
일곱 눈이 있느니라 내가 거기에 새길 것을 새기며 이 땅의 죄악을 하루에 제거
하리라

3:10 만군의 여호와가 말하노라 그 날에 너희가 각각 포도나무와 무화과나무 아
래로 서로 초대하리라 하셨느니라

요한복음 6장 | 주를 떠나지 말아야 함

6:26 예수께서 대답하여 이르시되 내가 진실로 진실로 너희에게 이르노니 너희가
나를 찾는 것은 표적을 본 까닭이 아니요 떡을 먹고 배부른 까닭이로다

6:27 썩을 양식을 위하여 일하지 말고 영생하도록 있는 양식을 위하여 하라 이 양
식은 인자가 너희에게 주리니 인자는 아버지 하나님께서 인치신 자니라

6:37 아버지께서 내게 주시는 자는 다 내게로 올 것이요 내게 오는 자는 내가 결코
내쫓지 아니하리라

6:51 나는 하늘에서 내려온 살아 있는 떡이니 사람이 이 떡을 먹으면 영생하리라
내가 줄 떡은 곧 세상의 생명을 위한 내 살이니라 하시니라

6:66 그 때부터 그의 제자 중에서 많은 사람이 떠나가고 다시 그와 함께 다니지 아
니하더라

6:67 예수께서 열두 제자에게 이르시되 너희도 가려느냐

6:68 시몬 베드로가 대답하되 주여 영생의 말씀이 주께 있사오니 우리가 누구에게
로 가오리이까

말씀연결 중심내용

대하 18 이스라엘의 아합 왕과 유다의 여호사밧 왕이 연합하여 벌인 아람과의 전쟁 중, 하나님께서 여호사밧 왕을 위기 중에 구하셨다는 말씀입니다. 하나님의 반대편에 서서 죄악을 일삼은 아합 왕은 어디선가 날아온 화살을 맞아 죽고 말았습니다. 그러나 하나님을 따르며 선하게 하나님 편에 서 있는 여호사밧 왕은 적들에 둘러싸인 위급한 상황에서도 하나님의 도우심으로 생명을 건졌습니다.

계 7 고난과 환난과 핍박 중에서도 믿음을 지키고, 예수 그리스도의 보혈을 의지하여 거룩함에 선 사람들에게 하나님께서 갚아주시는 축복과 위로가 있다는 것입니다. 어린 양 되신 예수 그리스도께서 생명수 샘으로 인도하시고, 하나님께서 그 모든 눈물을 씻어 주신다는 것입니다.

슥 3 스가랴가 본 환상 중에, 사탄은 대제사장 여호수아를 불에서 꺼낸 그슬린 나무로 표현하며 그의 죄가 크고 불의하다는 것으로, 문제 삼으며 고발하고 책망했습니다. 그러나 하나님은 사탄의 고발을 뒤로 하고, 여호수아의 죄를 제거하시고, 그를 거룩하게 세워주셨다는 것입니다. 그의 더러운 옷을 벗기시고 아름다운 새 옷을 입혀주시는 은혜를 베풀어주셨다는 것입니다.

요 6 오병이어의 기적을 경험한 사람들은 예수님을 붙들어 임금으로 삼으려고 했습니다. 그러나 예수님은 그들에게 썩을 양식이 아닌 영생하도록 있는 양식을 추구할 것을 말씀하셨습니다. 그러자 모든 사람들이 주님의 말씀을 바로 이해하지 못하고, 주님을 떠나가기에 이르렀고, 오직 12명의 제자들만 남았습니다. 제자들에게 "너희도 가려느냐"고 주님께서 물으셨고, 그 물음에 베드로가 영생의 말씀 되신 주님을 결코 떠나지 않을 것이라고 대답합니다.

말씀묵상

하나님 편에 서서 믿음으로 살아가는 사람은 하나님의 도우심을 경험하게 됩니다. 당장에 고난이 있어도 하나님의 갚으시는 보상과 위로를 바라보며 끝까지 주님을 따라가야 합니다. 하나님이 은혜로 주시는 아름다운 새 옷을 구하고 또 입어야 합니다.

말씀적용 오늘의 감사

말씀적용

오늘의 감사

믿음으로 감사

소망으로 감사

사랑으로 감사

말씀암송

계 7:16 그들이 다시는 □□□□ 아니하며 □마르지도 아니하고 해나 아무 뜨거운 기운에 □□□□ 아니하리니

말씀기도

❶ 주님을 따르는 믿음의 삶에서 용서하시고 도우시고 지키시는 주님의 은혜가 날마다 넘치게 하소서.

❷ 고난과 환난 중에서도 인내하여 위로하시고 풍성한 삶으로 갚으시는 주의 축복을 누리게 하소서.

❸ 단지 육신의 필요와 욕심 때문이 아니라 오직 영생을 구하며 어떤 이해할 수 없는 상황에도 끝까지 주님을 붙들고 떠나지 않는 믿음을 갖게 하소서.

말씀배경 지식

불에서 꺼낸 그슬린 나무 (슥 3:2)

하나님께서는 이스라엘을 징계하셨지만, 이스라엘을 통해 세상에 복 주실 목적을 가지고 계셨기 때문에 이스라엘에 대해 이같은 표현을 했다.

351 일차 365

승리가 하나님께 속해 있습니다

12월 17일

역대하 19-20장 | 요한계시록 8장 | 스가랴 4장 | 요한복음 7장

역대하 19-20장 | 하나님께 속한 승리

19:6 재판관들에게 이르되 너희가 재판하는 것이 사람을 위하여 할 것인지 여호와를 위하여 할 것인지를 잘 살피라 너희가 재판할 때에 여호와께서 너희와 함께 하심이니라

19:7 그런즉 너희는 여호와를 두려워하는 마음으로 삼가 행하라 우리의 하나님 여호와께서는 불의함도 없으시고 치우침도 없으시고 뇌물을 받는 일도 없으시니라 하니라

20:3 여호사밧이 두려워하여 여호와께로 낯을 향하여 간구하고 온 유다 백성에게 금식하라 공포하매

20:4 유다 사람이 여호와께 도우심을 구하려 하여 유다 모든 성읍에서 모여와서 여호와께 간구하더라

20:15 야하시엘이 이르되 온 유다와 예루살렘 주민과 여호사밧 왕이여 들을지어다 여호와께서 이같이 너희에게 말씀하시기를 너희는 이 큰 무리로 말미암아 두려워하거나 놀라지 말라 이 전쟁은 너희에게 속한 것이 아니요 하나님께 속한 것이니라

20:17 이 전쟁에는 너희가 싸울 것이 없나니 대열을 이루고 서서 너희와 함께 한 여호와가 구원하는 것을 보라 유다와 예루살렘아 너희는 두려워하지 말며 놀라지 말고 내일 그들을 맞서 나가라 여호와가 너희와 함께 하리라 하셨느니라 하매

20:24 유다 사람이 들 망대에 이르러 그 무리를 본즉 땅에 엎드러진 시체들뿐이요 한 사람도 피한 자가 없는지라

20:25 여호사밧과 그의 백성이 가서 적군의 물건을 탈취할새 본즉 그 가운데에 재물과 의복과 보물이 많이 있으므로 각기 탈취하는데 그 물건이 너무 많아 능히 가져갈 수 없을 만큼 많으므로 사흘 동안에 거두어들이고

요한계시록 8장 | 포기하지 말아야 할 기도

8:3 또 다른 천사가 와서 제단 곁에 서서 금 향로를 가지고 많은 향을 받았으니 이는 모든 성도의 기도와 합하여 보좌 앞 금 제단에 드리고자 함이라

8:4 향연이 성도의 기도와 함께 천사의 손으로부터 하나님 앞으로 올라가는지라

8:5 천사가 향로를 가지고 제단의 불을 담아다가 땅에 쏟으매 우레와 음성과 번개와 지진이 나더라

오늘의 찬양
찬송가 347장 | 허락하신 새 땅에

맥체인성경365
1992p

스가랴 4장 | 포기하지 말아야 할 헌신

4:2 그가 내게 묻되 네가 무엇을 보느냐 내가 대답하되 내가 보니 순금 등잔대가
있는데 그 위에는 기름 그릇이 있고 또 그 기름 그릇 위에 일곱 등잔이 있으며 그
기름 그릇 위에 있는 등잔을 위해서 일곱 관이 있고

4:3 그 등잔대 곁에 두 감람나무가 있는데 하나는 그 기름 그릇 오른쪽에 있고 하
나는 그 왼쪽에 있나이다 하고

4:6 그가 내게 대답하여 이르되 여호와께서 스룹바벨에게 하신 말씀이 이러하니
라 만군의 여호와께서 말씀하시되 이는 힘으로 되지 아니하며 능력으로 되지 아
니하고 오직 나의 영으로 되느니라

4:7 큰 산아 네가 무엇이냐 네가 스룹바벨 앞에서 평지가 되리라 그가 머릿돌을
내놓을 때에 무리가 외치기를 은총, 은총이 그에게 있을지어다 하리라 하셨고

4:9 스룹바벨의 손이 이 성전의 기초를 놓았은즉 그의 손이 또한 그 일을 마치리
라 하셨나니 만군의 여호와께서 나를 너희에게 보내신 줄을 네가 알리라 하셨느
니라

요한복음 7장 | 포기하지 말아야 할 믿음

7:40 이 말씀을 들은 무리 중에서 어떤 사람은 이 사람이 참으로 그 선지자라 하
며

7:41 어떤 사람은 그리스도라 하며 어떤 이들은 그리스도가 어찌 갈릴리에서 나
오겠느냐

7:42 성경에 이르기를 그리스도는 다윗의 씨로 또 다윗이 살던 마을 베들레헴에
서 나오리라 하지 아니하였느냐 하며

7:43 예수로 말미암아 무리 중에서 쟁론이 되니

말씀연결 중심내용

대하 19-20 아람이 모압과 암몬 등과 연합하여 유다를 공격했습니다. 유다의 여호사밧 왕은 적들이 침략하는 두렵고 위급한 상황에서 온 유다 백성들과 더불어 하나님께 도움을 간구합니다. 하나님께서 레위인 야하시엘을 통해 '이 전쟁은 하나님께 속한 것이니 두려워하지 말라'고 말씀하십니다. 하나님께서 친히 싸우실 것이고, 하나님께서 구원하심을 보게 된다는 것입니다. 이 말씀대로 찬양대를 앞에 세워 하나님을 찬양하며 전쟁에 임했던 유다에게 하나님은 놀라운 승리를 주셨습니다.

계 8 성도들의 기도가 하나님 앞에 올려지고, 또 그 기도가 응답으로 이어진다는 사실을 보여주는 말씀입니다. 성도들의 신원에 순교자의 수가 차기까지 기다리라는 말씀이 있었는데, 드디어 그 기다림에 응답이 이루어진 것입니다. 하나님 앞에 드리는 기도는 하나님의 때에 반드시 응답으로 이루어진다는 것입니다.

슥 4 스가랴가 본 순금 등잔대와 두 감람나무에 대한 환상입니다. 이 환상에 대한 정확한 해석은 설명되지 않지만, 등잔대의 등불이 양 옆에 서 있는 두 감람나무에서 흘려보내는 기름을 통해 밝혀지고 있음을 알 수 있습니다. 곧 두 감람나무의 헌신을 보여주고 있습니다.

요 7 예수님으로 인해 분열이 있었음을 전하는 말씀입니다. 예수님이 누구냐를 놓고 무리들 사이에서 다른 주장들을 있었습니다. 무리들 중에 예수님이 행하신 여러 기적들을 보고 그리스도라고 믿는 사람들도 있었지만, 또 다른 사람들은 어찌 갈릴리에서 그리스도가 나올 수 있느냐고 반문하며 믿지 못했다는 것입니다. 이로 인해 무리들 사이에서 다툼과 분열이 있었고, 또 대제사장들과 바리새인들 등 유대 지도자들은 예수님을 반대하며 잡아 죽이고자 했습니다.

말씀묵상

포기하지 않고 믿음을 가져야 하나님께 속한 승리를 누릴 수 있습니다. 포기하지 않고 기도하는 사람에게 하나님의 응답이라는 승리가 주어집니다. 하나님의 역사를 믿고, 하나님께 맡기며 오늘 우리가 있는 자리에서 끊임없이 기름을 흘려보내는 헌신이 있어야 합니다.

말씀적용 오늘의 감사

말씀적용

오늘의 감사

믿음으로 감사

소망으로 감사

사랑으로 감사

말씀암송

계 8:4 향연이 성도의 [ ][ ]와 함께 천사의 [ ]으로부터 [ ][ ][ ] 앞으로 올라가는지라

말씀기도

❶ 삶의 전쟁이 하나님께 속해 있음을 깨닫고, 하나님이 주시는 승리를 경험하게 하소서.

❷ 모든 기도가 하나님께 올려 드려지고 하나님의 때에 반드시 응답의 역사로 나타남을 믿고, 포기하지 않고 기도하게 하소서.

❸ 하나님께서 모든 역사를 이루어 가심을 믿고, 오늘 서 있는 자리에서 끊임없이 헌신의 기름을 흘려보내는 삶을 살게 하소서.

말씀배경 지식

여호사밧이… 금식하라 공포하매 (대하 20:3)

금식은 슬픔에 대한 표시이며, 이것은 바벨론 포로 이전 히브리인 종교의 보편적인 특징은 아니었다. 그러나 사무엘 시대로부터 이것은 하나님의 백성인 이스라엘이 특별한 난국에 직면하였을 때, 그들의 기도의 성실성을 강조하기 위해 행해져 왔었다.

352 일차 365

주의 은혜가 있어야 합니다

12월 18일

역대하 21장 | 요한계시록 9장 | 스가랴 5장 | 요한복음 8장

역대하 21장 | 신실하심의 은혜

21:6 그가 이스라엘 왕들의 길로 행하여 아합의 집과 같이 하였으니 이는 아합의
딸이 그의 아내가 되었음이라 그가 여호와 보시기에 악을 행하였으나

21:7 여호와께서 다윗의 집을 멸하기를 즐겨하지 아니하셨음은 이전에 다윗과
더불어 언약을 세우시고 또 다윗과 그의 자손에게 항상 등불을 주겠다고 말씀하
셨음이더라

21:12 선지자 엘리야가 여호람에게 글을 보내어 이르되 왕의 조상 다윗의 하나
님 여호와께서 이같이 말씀하시기를 네가 네 아비 여호사밧의 길과 유다 왕 아사
의 길로 행하지 아니하고

21:13 오직 이스라엘 왕들의 길로 행하여 유다와 예루살렘 주민들이 음행하게
하기를 아합의 집이 음행하듯 하며 또 네 아비 집에서 너보다 착한 아우들을 죽
였으니

21:14 여호와가 네 백성과 네 자녀들과 네 아내들과 네 모든 재물을 큰 재앙으로
치시리라

21:15 또 너는 창자에 중병이 들고 그 병이 날로 중하여 창자가 빠져나오리라 하
셨다 하였더라

요한계시록 9장 | 보호하심의 은혜

9:1 다섯째 천사가 나팔을 불매 내가 보니 하늘에서 땅에 떨어진 별 하나가 있는
데 그가 무저갱의 열쇠를 받았더라

9:4 그들에게 이르시되 땅의 풀이나 푸른 것이나 각종 수목은 해하지 말고 오직
이마에 하나님의 인침을 받지 아니한 사람들만 해하라 하시더라

9:6 그 날에는 사람들이 죽기를 구하여도 죽지 못하고 죽고 싶으나 죽음이 그들
을 피하리로다

9:20 이 재앙에 죽지 않고 남은 사람들은 손으로 행한 일을 회개하지 아니하고
오히려 여러 귀신과 또는 보거나 듣거나 다니거나 하지 못하는 금, 은, 동과 목석
의 우상에게 절하고

9:21 또 그 살인과 복술과 음행과 도둑질을 회개하지 아니하더라

오늘의 찬양
찬송가 251장 | 놀랍다 주님의 큰 은혜

맥체인성경365
1998p

스가랴 5장 | 제거하심이 은혜

5:2 그가 내게 묻되 네가 무엇을 보느냐 하기로 내가 대답하되 날아가는 두루마
리를 보나이다 그 길이가 이십 규빗이요 너비가 십 규빗이니이다

5:3 그가 내게 이르되 이는 온 땅 위에 내리는 저주라 도둑질하는 자는 그 이쪽
글대로 끊어지고 맹세하는 자는 그 저쪽 글대로 끊어지리라 하니

5:4 만군의 여호와께서 이르시되 내가 이것을 보냈나니 도둑의 집에도 들어가며
내 이름을 가리켜 망령되이 맹세하는 자의 집에도 들어가서 그의 집에 머무르며
그 집을 나무와 돌과 아울러 사르리라 하셨느니라 하니라

5:8 그가 이르되 이는 악이라 하고 그 여인을 에바 속으로 던져 넣고 납 조각을
에바 아귀 위에 던져 덮더라

5:10 내가 내게 말하는 천사에게 묻되 그들이 에바를 어디로 옮겨 가나이까 하
니

5:11 그가 내게 이르되 그들이 시날 땅으로 가서 그것을 위하여 집을 지으려 함
이니라 준공되면 그것이 제 처소에 머물게 되리라 하더라

요한복음 8장 | 용서하심의 은혜

8:5 모세는 율법에 이러한 여자를 돌로 치라 명하였거니와 선생은 어떻게 말하겠
나이까

8:6 그들이 이렇게 말함은 고발할 조건을 얻고자 하여 예수를 시험함이러라 예수
께서 몸을 굽히사 손가락으로 땅에 쓰시니

8:7 그들이 묻기를 마지 아니하는지라 이에 일어나 이르시되 너희 중에 죄 없는
자가 먼저 돌로 치라 하시고

8:9 그들이 이 말씀을 듣고 양심에 가책을 느껴 어른으로 시작하여 젊은이까지 하
나씩 하나씩 나가고 오직 예수와 그 가운데 섰는 여자만 남았더라

8:11 대답하되 주여 없나이다 예수께서 이르시되 나도 너를 정죄하지 아니하노니
가서 다시는 죄를 범하지 말라 하시니라

말씀연결 중심내용

대하 21 여호사밧의 뒤를 이어 유다의 왕이 된 여호람은 그 아버지와 같지 않고, 이스라엘 왕들의 길로 행하여 여호와 보시기에 악을 행했습니다. 그러나 하나님은 다윗과의 약속을 기억하여 다윗의 왕가를 멸하지 않으셨습니다.

계 9 다섯 번째 나팔재앙으로 무저갱이 열리고 황충이 올라와 사람들을 해하게 되는데, 이마에 하나님의 인침을 받지 아니한 사람들만 해하게 된다는 것입니다. 이마에 하나님의 인침을 받은 사람들은 해하지 못한다는 것입니다. 그들은 하나님의 심판으로 인한 재앙과 고통 중에 보호하심을 받게 된다는 것입니다.

슥 5 스가랴가 본 일곱 번째 환상으로, '에바 속 여인'의 환상에 대한 말씀입니다. 에바 속의 여인은 악으로, 예루살렘의 심판과 멸망을 불러들였고 또 포로에서 돌아온 백성들에게 영향을 미치고 있었습니다. 바로 이 악을 하나님께서 납으로 덮어 봉하시고 멀리 시날 땅으로 옮겨 제거하신다는 것입니다.

요 8 간음하다 현장에서 붙잡힌 여인을 예수님께서 용서하신 말씀입니다. 서기관들과 바리새인들은 이 여인을 예수님 앞에 세우고, 처결에 대해 질문했습니다. 예수님은 "너희 중에 죄 없는 자가 먼저 돌로 치라"고 말씀하시며 그들 안에 있는 죄를 먼저 보게 하셨습니다. 결국 양심에 가책을 느낀 모든 사람들은 돌아가고 여인만 남았고, 유일하게 죄가 없으셨던 예수님께서 심판이 아닌 용서를 말씀하심으로 그 여인을 구원하셨습니다.

말씀묵상

신실하심으로 언약을 지키시는 하나님의 은혜가 없으면 우리는 모두가 멸망에 이르게 됩니다. 다른 누구의 죄를 찾고 고발하기보다 먼저 나의 죄를 깨닫고 주의 용서하심의 은혜를 구해야 합니다. 악을 봉하시고 제거하시는 하나님의 은혜가 있어야 우리가 악에서 해방되어 참 행복과 생명의 삶을 살아갈 수 있습니다.

말씀적용 오늘의 감사

말씀적용

오늘의 감사

믿음으로 감사

소망으로 감사

사랑으로 감사

말씀암송

대하 21:7 여호와께서 다윗의 집을 멸하기를 즐겨하지 아니하셨음은 이전에 다윗과 더불어 [ ][ ]을 세우시고 또 다윗과 그의 자손에게 항상 [ ][ ]을 주겠다고 말씀하셨음이더라

말씀기도

❶ 우리의 불의함을 사랑으로 용서하시고, 신실하심으로 약속을 지키시는 하나님의 은혜를 누리게 하소서.
❷ 우리를 고통과 불행으로 이끄는 악의 세력을 납으로 덮어 봉하시고 멀리 제거해 주셔서 악에서 자유함을 얻고 참 행복과 생명의 삶을 살아가게 하소서.
❸ 주의 은혜와 보혈로 우리 이마에 인을 쳐주셔서 심판과 재앙을 피하고 구원의 자리에 서게 하소서.

말씀배경 지식

이는 온 땅 위에 내리는 저주라 (슥 5:3)

모세 언약은 그 언약을 범하는 자에게 저주가 임하게 하신다. 이 저주가 율법이 주어진 대상인 이스라엘 백성의 땅 위에 머물러 그들을 위협하고 있었다.

353 일차 365

12월 19일

하나님의 영광을 위해 살아야 합니다

역대하 22-23장 | 요한계시록 10장 | 스가랴 6장 | 요한복음 9장

역대하 22-23장 | 언약에 충성해야 함

23:3 온 회중이 하나님의 전에서 왕과 언약을 세우매 여호야다가 무리에게 이르되 여호와께서 다윗의 자손에게 대하여 말씀하신 대로 왕자가 즉위하여야 할지니

23:11 무리가 왕자를 인도해 내어 면류관을 씌우며 율법책을 주고 세워 왕으로 삼을새 여호야다와 그의 아들들이 그에게 기름을 붓고 이르기를 왕이여 만세수를 누리소서 하니라

23:20 백부장들과 존귀한 자들과 백성의 방백들과 그 땅의 모든 백성을 거느리고 왕을 인도하여 여호와의 전에서 내려와 윗문으로부터 왕궁에 이르러 왕을 나라 보좌에 앉히매

23:21 그 땅의 모든 백성이 즐거워하고 성중이 평온하더라 아달랴를 무리가 칼로 죽였었더라

요한계시록 10장 | 말씀에 충성해야 함

10:6 세세토록 살아 계신 이 곧 하늘과 그 가운데에 있는 물건이며 땅과 그 가운데에 있는 물건이며 바다와 그 가운데에 있는 물건을 창조하신 이를 가리켜 맹세하여 이르되 지체하지 아니하리니

10:7 일곱째 천사가 소리 내는 날 그의 나팔을 불려고 할 때에 하나님이 그의 종 선지자들에게 전하신 복음과 같이 하나님의 그 비밀이 이루어지리라 하더라

10:10 내가 천사의 손에서 작은 두루마리를 갖다 먹어 버리니 내 입에는 꿀 같이 다나 먹은 후에 내 배에서는 쓰게 되더라

10:11 그가 내게 말하기를 네가 많은 백성과 나라와 방언과 임금에게 다시 예언하여야 하리라 하더라

스가랴 6장 | 신앙에 충성해야 함

6:9 여호와의 말씀이 내게 임하여 이르시되

6:10 사로잡힌 자 가운데 바벨론에서부터 돌아온 헬대와 도비야와 여다야가 스
바냐의 아들 요시아의 집에 들어갔나니 너는 이 날에 그 집에 들어가서 그들에게
서 받되

6:11 은과 금을 받아 면류관을 만들어 여호사닥의 아들 대제사장 여호수아의 머
리에 씌우고

6:12 말하여 이르기를 만군의 여호와께서 이같이 말씀하시되 보라 싹이라 이름
하는 사람이 자기 곳에서 돋아나서 여호와의 전을 건축하리라

6:14 그 면류관은 헬렘과 도비야와 여다야와 스바냐의 아들 헨을 기념하기 위하
여 여호와의 전 안에 두라 하시니라

요한복음 9장 | 주의 영광을 위한 삶

9:3 예수께서 대답하시되 이 사람이나 그 부모의 죄로 인한 것이 아니라 그에게서
하나님이 하시는 일을 나타내고자 하심이라

9:27 대답하되 내가 이미 일렀어도 듣지 아니하고 어찌하여 다시 듣고자 하나이까
당신들도 그의 제자가 되려 하나이까

9:31 하나님이 죄인의 말을 듣지 아니하시고 경건하여 그의 뜻대로 행하는 자의 말
은 들으시는 줄을 우리가 아나이다

9:33 이 사람이 하나님께로부터 오지 아니하였으면 아무 일도 할 수 없으리이다

9:35 예수께서 그들이 그 사람을 쫓아냈다 하는 말을 들으셨더니 그를 만나사 이르
시되 네가 인자를 믿느냐

말씀연결 중심내용

대하 22-23 제사장 여호야다가 아달랴의 통치에 반역하고자 주도하며 모인 사람들에게 한 말입니다. 하나님의 전에서 여호야다의 보호 속에 숨어 자랄 수 있었던 왕자 요아스가 왕위에 올라 여호와께서 다윗의 자손에게 대하여 말씀하신 언약이 지켜져야 한다는 것을 말씀하고 있습니다.

계 10 천사로부터 받은 작은 두루마리의 말씀을 먹은 요한에게 주신 명령입니다. 하나님의 예언의 말씀을 전하는 사명이 요한에게 주어진 것을 보여줍니다.

슥 6 포로 가운데서 돌아온 헬대와, 도비야아 여다야 등의 헌신을 보여주는 말씀입니다. 대제사장 여호수아에게 씌울 면류관을 제작하는 일에 헌신하는 것을 보여줍니다. 사실 바벨론에서 폐허가 된 유다 땅으로 다시 돌아오는 것만으로도 큰 헌신입니다. 그런데 이들은 이뿐만 아니라 성전을 다시 건축하고 또 대제사장의 면류관을 제작하는 일을 위해 기꺼이 은과 금을 내어놓기까지 했다는 것입니다.

요 9 나면서부터 앞을 보지 못하는 장애인에 대한 제자들의 질문에 예수님께서 하신 대답입니다. 질병의 원인을 죄에서 찾았던 사람들은 이 사람의 질병이 누구의 죄 때문이냐고 서로 논쟁을 했고, 제자들이 이것을 예수님께 질문한 것입니다. 예수님은 새로운 관점에서 답을 주셨는데, 이 사람을 통해 하나님께서 하시는 일을 나타내려 하심이라고 말씀하셨습니다. 그리고 이 말씀과 함께 그를 치료해주셨고, 하나님께 영광이 되게 하셨습니다.

말씀묵상

하나님의 영광을 위해 언약을 깨뜨리고 질서를 파괴한 것을 바로 잡고자 했던 것을 볼 수 있습니다. 사명에 따라 충성하여 하나님의 예언의 말씀을 전하는 것이 하나님께 영광이 됩니다. 우리의 관심은 오직 하나님의 영광을 위한 목적에 집중해야 합니다.

말씀적용 오늘의 감사

말씀적용

오늘의 감사

믿음으로 감사

소망으로 감사

사랑으로 감사

말씀암송

요 9:33 이 사람이 [ ][ ][ ]께로부터 오지 아니하였으면 아무 일도 할 수 없으리이다

말씀기도

1. 하나님의 언약을 지키고 하나님의 거룩하신 뜻을 바로 세워가는 일에 힘을 다하게 하소서.
2. 주의 말씀을 전하는 일에 순종하여 충성하게 하시고, 이를 통해 하나님의 영광을 높이게 하소서.
3. 교회를 세우고 신앙 공동체를 세우는 일을 위해 거절하지 않고 아낌없이 헌신하게 하소서.

말씀배경 지식

하나님의 그 비밀이 이루어지리라 (계 10:7)

우리에게 하나님의 심판의 최후의 재난과 시대의 종말과 어린 양의 적들의 멸망을 미리 대비케 하려는데 의도가 있다.

354 일차 365

12월 20일

주를 따라야 합니다

역대하 24장 | 요한계시록 11장 | 스가랴 7장 | 요한복음 10장

역대하 24장 | 여호와를 버린 결과

24:2 제사장 여호야다가 세상에 사는 모든 날에 요아스가 여호와 보시기에 정직하게 행하였으며

24:20 이에 하나님의 영이 제사장 여호야다의 아들 스가랴를 감동시키시매 그가 백성 앞에 높이 서서 그들에게 이르되 하나님이 이같이 말씀하시기를 너희가 어찌하여 여호와의 명령을 거역하여 스스로 형통하지 못하게 하느냐 하셨나니 너희가 여호와를 버렸으므로 여호와께서도 너희를 버리셨느니라 하나

24:24 아람 군대가 적은 무리로 왔으나 여호와께서 심히 큰 군대를 그들의 손에 넘기셨으니 이는 유다 사람들이 그들의 조상들의 하나님 여호와를 버렸음이라 이와 같이 아람 사람들이 요아스를 징벌하였더라

24:25 요아스가 크게 부상하매 적군이 그를 버리고 간 후에 그의 신하들이 제사장 여호야다의 아들들의 피로 말미암아 반역하여 그를 그의 침상에서 쳐죽인지라 다윗 성에 장사하였으나 왕들의 묘실에는 장사하지 아니하였더라

요한계시록 11장 | 사명을 지킨 결과

11:1 또 내게 지팡이 같은 갈대를 주며 말하기를 일어나서 하나님의 성전과 제단과 그 안에서 경배하는 자들을 측량하되

11:11 삼 일 반 후에 하나님께로부터 생기가 그들 속에 들어가매 그들이 발로 일어서니 구경하는 자들이 크게 두려워하더라

11:12 하늘로부터 큰 음성이 있어 이리로 올라오라 함을 그들이 듣고 구름을 타고 하늘로 올라가니 그들의 원수들도 구경하더라

11:15 일곱째 천사가 나팔을 불매 하늘에 큰 음성들이 나서 이르되 세상 나라가 우리 주와 그의 그리스도의 나라가 되어 그가 세세토록 왕 노릇 하시리로다 하니

11:16 하나님 앞에서 자기 보좌에 앉아 있던 이십사 장로가 엎드려 얼굴을 땅에 대고 하나님께 경배하여

11:17 이르되 감사하옵나니 옛적에도 계셨고 지금도 계신 주 하나님 곧 전능하신 이여 친히 큰 권능을 잡으시고 왕 노릇 하시도다

오늘의 찬양
찬송가 586장 | 어느 민족 누구게나

맥체인성경365
2009p

스가랴 7장 | 듣기를 싫어한 결과

7:11 그들이 듣기를 싫어하여 등을 돌리며 듣지 아니하려고 귀를 막으며

7:12 그 마음을 금강석 같게 하여 율법과 만군의 여호와가 그의 영으로 옛 선지
자들을 통하여 전한 말을 듣지 아니하므로 큰 진노가 만군의 여호와께로부터 나
왔도다

7:13 내가 불러도 그들이 듣지 아니한 것처럼 그들이 불러도 내가 듣지 아니하
리라 만군의 여호와가 말하였느니라

7:14 내가 그들을 바람으로 불어 알지 못하던 여러 나라에 흩었느니라 그 후에
이 땅이 황폐하여 오고 가는 사람이 없었나니 이는 그들이 아름다운 땅을 황폐하
게 하였음이니라 하시니라

요한복음 10장 | 주를 따른 결과

10:7 그러므로 예수께서 다시 이르시되 내가 진실로 진실로 너희에게 말하노니 나
는 양의 문이라

10:9 내가 문이니 누구든지 나로 말미암아 들어가면 구원을 받고 또는 들어가며 나
오며 꼴을 얻으리라

10:10 도둑이 오는 것은 도둑질하고 죽이고 멸망시키려는 것뿐이요 내가 온 것은
양으로 생명을 얻게 하고 더 풍성히 얻게 하려는 것이라

10:27 내 양은 내 음성을 들으며 나는 그들을 알며 그들은 나를 따르느니라

10:28 내가 그들에게 영생을 주노니 영원히 멸망하지 아니할 것이요 또 그들을 내
손에서 빼앗을 자가 없느니라

10:42 그리하여 거기서 많은 사람이 예수를 믿으니라

말씀연결 중심내용

대하 24 요아스 왕과 유다에 내려진 심판입니다. 요아스 왕은 제사장 여호야다가 살아 있을 동안에는 여호야다의 영향력 아래에서 하나님을 경외하고 선한 일에 힘을 썼습니다. 그러나 여호야다가 죽은 이후 유다 방백들의 말을 따라 여호와의 전을 버리고 아세라 목상과 우상을 섬기며 타락했습니다. 하나님께서 다시 돌아오게 하려고 선지자를 보내셔서 경고하셨으나 듣지 않았고, 그 결과 아람의 침략에 패하고, 신하들의 반역으로 죽임을 당하게 됩니다.

계 11 두 증인에 대한 말씀으로, 이들은 하나님으로부터 권세를 받아 능력을 행하며 천이백육십 일을 예언하고 순교하게 됩니다. 무저갱으로부터 올라오는 짐승에 의해 죽임을 당하고 그 시신은 무덤에 안장조차 되지 못하게 됩니다. 그러나 하나님의 권능으로 다시 부활하여 그의 죽음을 기뻐했던 땅에 있는 사람들을 두렵게 하고, 원수들이 지켜보는 가운데 구름을 타고 하늘로 올라가게 된다는 것을 말씀하고 있습니다.

슥 7 여호와 하나님의 경고의 말씀을 듣지 아니하고 그 말씀에 순종하지 아니한 결과 하나님의 진노에 이르게 된다는 것을 보여줍니다. 하나님께서 그 백성들을 여러 나라에 흩으시고 심판하십니다.

요 10 목자 되신 주님을, 주님의 양으로 따라가는 자들에게 주어지는 영생에 대해 말씀하고 있습니다. 주님께서 영생을 주셔서 영원히 멸망하지 않게 된다는 것입니다. 주님을 버리고 그 음성을 듣지 않는 자들에게는 심판과 멸망이 주어지지만, 주님의 음성을 듣고 따르는 자들에게는 생명의 축복이 주어집니다.

말씀묵상

여호와를 떠난 결과, 그리고 돌이키지 않은 결과는 불행한 최후를 맞이하게 됩니다. 잠시 어리석어 하나님을 떠났어도 하나님의 경고의 말씀을 듣고 돌이켜야 합니다. 주님이 주시는 영생을 소망하며 그 음성 듣기를 힘쓰고, 주님이 이끄시는 대로 따라가야 합니다.

말씀적용 오늘의 감사

말씀적용

오늘의 감사

믿음으로 감사

소망으로 감사

사랑으로 감사

말씀암송

요 10:27 내 [ ]은 내 [ ][ ]을 들으며 나는 그들을 알며 그들은 나를 따르느니라

말씀기도

❶ 어리석게 여호와를 버리지 않게 하시고 끝까지 하나님의 편에서 의와 생명의 길을 걸어가게 하소서.

❷ 목자 되신 주님의 음성을 따라가게 하셔서, 주님께서 베풀어 주시는 영생의 은혜를 누리게 하소서.

❸ 핍박과 고난 중에도 사명을 지키게 하시고, 주께서 베푸시고 높여주시는 축복을 누리게 하소서.

말씀배경 지식

요아스
(대하 24:2)

요아스는 전반기에는 여호와를 경외하고 성전 일을 돌봄으로써 의롭게 살았다. 그러나 후반기에는 여호와와 성전을 저버리고, 자기를 책망했던 전지자를 죽였다. 그러므로 요아스는 하나님의 진노로 아람의 하사엘에게 굴욕적으로 정복당하게 되었고, 결국 자기의 죄 때문에 살해되었다.

355 일차 / 365

12월 21일

하나님께 승리가 있습니다

역대하 25장 | 요한계시록 12장 | 스가랴 8장 | 요한복음 11장

역대하 25장 | 순종으로 인한 승리

25:4 그들의 자녀들은 죽이지 아니하였으니 이는 모세의 율법책에 기록된 대로
함이라 곧 여호와께서 명령하여 이르시기를 자녀로 말미암아 아버지를 죽이지
말 것이요 아버지로 말미암아 자녀를 죽이지 말 것이라 오직 각 사람은 자기의
죄로 말미암아 죽을 것이니라 하셨더라

25:5 아마샤가 유다 사람들을 모으고 그 여러 족속을 따라 천부장들과 백부장들
을 세우되 유다와 베냐민을 함께 그리하고 이십 세 이상으로 계수하여 창과 방패
를 잡고 능히 전장에 나갈 만한 자 삼십만 명을 얻고

25:6 또 은 백 달란트로 이스라엘 나라에서 큰 용사 십만 명을 고용하였더니

25:7 어떤 하나님의 사람이 아마샤에게 나아와서 이르되 왕이여 이스라엘 군대
를 왕과 함께 가게 하지 마옵소서 여호와께서는 이스라엘 곧 온 에브라임 자손과
함께 하지 아니하시나니

25:8 왕이 만일 가시거든 힘써 싸우소서 하나님이 왕을 적군 앞에 엎드러지게 하
시리이다 하나님은 능히 돕기도 하시고 능히 패하게도 하시나이다 하니

요한계시록 12장 | 하나님께 있는 승리

12:8 이기지 못하여 다시 하늘에서 그들이 있을 곳을 얻지 못한지라

12:9 큰 용이 내쫓기니 옛 뱀 곧 마귀라고도 하고 사탄이라고도 하며 온 천하를
꾀는 자라 그가 땅으로 내쫓기니 그의 사자들도 그와 함께 내쫓기니라

12:11 또 우리 형제들이 어린 양의 피와 자기들이 증언하는 말씀으로써 그를 이
겼으니 그들은 죽기까지 자기들의 생명을 아끼지 아니하였도다

오늘의 찬양
찬송가 342장 | 너 시험을 당해

맥체인성경365
2015p

스가랴 8장 | 은혜로 인한 승리

8:3 여호와가 이같이 말하노라 내가 시온에 돌아와 예루살렘 가운데에 거하리니
예루살렘은 진리의 성읍이라 일컫겠고 만군의 여호와의 산은 성산이라 일컫게
되리라

8:4 만군의 여호와가 이같이 말하노라 예루살렘 길거리에 늙은 남자들과 늙은
여자들이 다시 앉을 것이라 다 나이가 많으므로 저마다 손에 지팡이를 잡을 것이
요

8:5 그 성읍 거리에 소년과 소녀들이 가득하여 거기에서 뛰놀리라

8:8 인도하여다가 예루살렘 가운데에 거주하게 하리니 그들은 내 백성이 되고
나는 진리와 공의로 그들의 하나님이 되리라

8:13 유다 족속아, 이스라엘 족속아, 너희가 이방인 가운데에서 저주가 되었었으
나 이제는 내가 너희를 구원하여 너희가 복이 되게 하리니 두려워하지 말지니라
손을 견고히 할지니라

8:16 너희가 행할 일은 이러하니라 너희는 이웃과 더불어 진리를 말하며 너희
성문에서 진실하고 화평한 재판을 베풀고

8:17 마음에 서로 해하기를 도모하지 말며 거짓 맹세를 좋아하지 말라 이 모든
일은 내가 미워하는 것이니라 여호와의 말이니라

요한복음 11장 | 믿음으로 인한 승리

11:4 예수께서 들으시고 이르시되 이 병은 죽을 병이 아니라 하나님의 영광을 위함
이요 하나님의 아들이 이로 말미암아 영광을 받게 하려 함이라 하시더라

11:23 예수께서 이르시되 네 오라비가 다시 살아나리라

11:25 예수께서 이르시되 나는 부활이요 생명이니 나를 믿는 자는 죽어도 살겠고

11:26 무릇 살아서 나를 믿는 자는 영원히 죽지 아니하리니 이것을 네가 믿느냐

11:40 예수께서 이르시되 내 말이 네가 믿으면 하나님의 영광을 보리라 하지 아니
하였느냐 하시니

말씀연결 중심내용

대하 25 유다의 아마샤 왕은 에돔과의 전쟁을 위해 백성들을 모으고, 천부장과 백부장들을 세우고, 또 은 백달란트를 주고 이스라엘에서 용병을 고용했습니다. 그러나 하나님은 유다가 악한 이스라엘 군대와 함께 싸우기를 원하지 않으셨고, 하나님의 사람을 통해 이와 같은 뜻을 전했습니다. 승리는 하나님께 있고, 따라서 하나님께 순종하여 하나님을 의지하여 싸우면 하나님께서 승리를 주신다는 것입니다.

계 12 사탄이 아무리 세력을 나타내고 교회와 믿음의 성도들을 핍박해도 결국에는 하나님께 패배하여 쫓겨 가게 된다는 것입니다. 사탄이 최후까지 발악을 해도 결국 승리는 하나님께 정해져 있다는 사실을 보여주고 있습니다.

슥 8 하나님께서 시온에 돌아오신다는 말씀입니다. 죄악으로 심판하셨고 성전도 무너졌지만, 믿음과 헌신으로 다시 세워진 성전에 은혜로 돌아오셔서 그 성읍과 백성들을 축복하신다고 말씀하고 있습니다. 그들의 삶에 승리를 주신다는 것입니다. 노인과 아이들로 가득한 평화와 활기의 성읍으로 만들어주신다는 것을 보여줍니다.

요 11 예수님께서 하나님의 영광을 보기 위해 믿음이 중요하다는 사실을 말씀하십니다. 그리고 말씀하신 이후에 죽은 나사로를 살리셨습니다. 나사로가 죽은 지 나흘이나 되었지만 살아서 무덤에서 걸어 나오게 하셨습니다. 이를 통해 하나님의 영광을 나타내시고 주님께서 부활이요, 생명이 되심을 보여주셨습니다.

말씀묵상

순종을 통해 하나님을 붙들고 의지함으로 승리함을 누릴 수 있습니다. 주님이 부활이요 생명 되심을 믿을 때에 죽어도 살고, 영원히 죽지 아니함을 누리게 됩니다.

말씀적용 오늘의 감사

말씀적용

오늘의 감사

믿음으로 감사

소망으로 감사

사랑으로 감사

말씀암송

요 11:25 예수께서 이르시되 나는 ☐☐이요 ☐☐이니 나를 믿는 자는 죽어도 살겠고

말씀기도

❶ 은혜로 우리의 삶에 찾아오신 주님을 통해 평화와 번성과 풍성함의 승리를 누리게 하소서.

❷ 사람이나 재물이 아닌 하나님을 붙잡고 의지하게 하셔서 하나님께서 주시는 승리를 누리게 하소서.

❸ 믿음으로 하나님의 영광을 보며, 부활과 생명의 승리를 누리게 하소서.

말씀배경 지식

늙은 남자들과 늙은 여자들 (슥 8:4)

이 모습은 태평성대(太平聖代) 장면이다. 이스라엘이 영적인 면에서 여호와와 합당한 관계를 유지할 때에는 항상 물질적인 복도 따라온다.

356 일차 / 365

12월 22일

겸손함을 따라야 합니다

역대하 26장 | 요한계시록 13장 | 스가랴 9장 | 요한복음 12장

역대하 26장 | 물리쳐야 할 교만

26:5 하나님의 묵시를 밝히 아는 스가랴가 사는 날에 하나님을 찾았고 그가 여호와를 찾을 동안에는 하나님이 형통하게 하셨더라

26:7 하나님이 그를 도우사 블레셋 사람들과 구르바알에 거주하는 아라비아 사람들과 마온 사람들을 치게 하신지라

26:15 또 예루살렘에서 재주 있는 사람들에게 무기를 고안하게 하여 망대와 성곽 위에 두어 화살과 큰 돌을 쏘고 던지게 하였으니 그의 이름이 멀리 퍼짐은 기이한 도우심을 얻어 강성하여짐이었더라

26:16 그가 강성하여지매 그의 마음이 교만하여 악을 행하여 그의 하나님 여호와께 범죄하되 곧 여호와의 성전에 들어가서 향단에 분향하려 한지라

요한계시록 13장 | 겸손함으로 지켜야할 믿음

13:3 그의 머리 하나가 상하여 죽게 된 것 같더니 그 죽게 되었던 상처가 나으매 온 땅이 놀랍게 여겨 짐승을 따르고

13:4 용이 짐승에게 권세를 주므로 용에게 경배하며 짐승에게 경배하여 이르되 누가 이 짐승과 같으냐 누가 능히 이와 더불어 싸우리요 하더라

13:6 짐승이 입을 벌려 하나님을 향하여 비방하되 그의 이름과 그의 장막 곧 하늘에 사는 자들을 비방하더라

13:7 또 권세를 받아 성도들과 싸워 이기게 되고 각 족속과 백성과 방언과 나라를 다스리는 권세를 받으니

13:10 사로잡힐 자는 사로잡혀 갈 것이요 칼에 죽을 자는 마땅히 칼에 죽을 것이니 성도들의 인내와 믿음이 여기 있느니라

스가랴 9장 | 따라가야 할 겸손

9:9 시온의 딸아 크게 기뻐할지어다 예루살렘의 딸아 즐거이 부를지어다 보라 네 왕이 네게 임하시나니 그는 공의로우시며 구원을 베푸시며 겸손하여서 나귀를 타시나니 나귀의 작은 것 곧 나귀 새끼니라

9:16 이 날에 그들의 하나님 여호와께서 그들을 자기 백성의 양 떼 같이 구원하시리니 그들이 왕관의 보석 같이 여호와의 땅에 빛나리로다

9:17 그의 형통함과 그의 아름다움이 어찌 그리 큰지 곡식은 청년을, 새 포도주는 처녀를 강건하게 하리라

요한복음 12장 | 겸손함으로 힘써야 할 헌신

12:3 마리아는 지극히 비싼 향유 곧 순전한 나드 한 근을 가져다가 예수의 발에 붓고 자기 머리털로 그의 발을 닦으니 향유 냄새가 집에 가득하더라

12:5 이 향유를 어찌하여 삼백 데나리온에 팔아 가난한 자들에게 주지 아니하였느냐 하니

12:13 종려나무 가지를 가지고 맞으러 나가 외치되 호산나 찬송하리로다 주의 이름으로 오시는 이 곧 이스라엘의 왕이시여 하더라

12:14 예수는 한 어린 나귀를 보고 타시니

12:26 사람이 나를 섬기려면 나를 따르라 나 있는 곳에 나를 섬기는 자도 거기 있으리니 사람이 나를 섬기면 내 아버지께서 그를 귀히 여기시리라

말씀연결 중심내용

대하 26 유다의 웃시야 왕의 이야기입니다. 여호와 보시기에 정직히 행하고, 하나님을 경외하도록 가르쳐주는 스가랴의 영향 아래서 하나님의 뜻을 찾으며 나라를 강성하게 세워갔지만 나라가 강성해지자 마음이 교만하게 되어 악을 행하며 하나님께 범죄하였고, 오직 제사장만이 할 수 있는 성전에서 분향하는 일을 하려고 했습니다. 결국 하나님의 심판을 받아 나병이 생겨 별궁에서 쓸쓸한 최후를 맞이하게 됩니다.

계 13 마지막 때에 성도들이 받아야 할 환난에 대해 전하고 있는 말씀입니다. 용으로부터 권세를 받은 짐승이 하나님을 비방하고, 성도들과 싸워 이겨 성도들을 핍박한다는 것입니다. 여기서 끝까지 인내하며 믿음을 보여야 한다는 것입니다. 겸손함으로 그 핍박을 인내하며 죽기까지 믿음을 지켜야 한다는 것을 보여줍니다.

슥 9 이 땅에 오실 메시야에 대해 예언합니다. 만왕의 왕이시며 온 세상의 구원자로 이 땅에 메시야가 오시는데, 겸손함으로 나귀 새끼를 타고 오신다는 것입니다. 이 겸손의 본을 우리가 따라야 한다는 것을 보여줍니다.

요 12 마리아가 비싼 향유를 예수님의 발에 부어 드린 헌신에 가룟 유다가 보인 평가였습니다. 한 마디로 낭비라는 것입니다. 이 향유를 삼백 데나리온에 팔아 가난한 자들에게 나누어주어야 했다고 마리아의 헌신을 부정적으로 평가했습니다. 그러나 예수님은 마리아의 편을 드시며 그의 헌신을 인정해 주셨습니다.

말씀묵상

강성할 때에 더욱 주의하여 겸손한 마음을 가져야 합니다. 오직 겸손함으로 예수님의 평가와 인정을 바라보고 헌신을 중단하지 말아야 합니다.

말씀적용 오늘의 감사

말씀적용

오늘의 감사

믿음으로 감사

소망으로 감사

사랑으로 감사

말씀암송

슥 9:16 이 날에 그들의 하나님 여호와께서 그들을 자기 백성의 양 떼 같이 ☐☐하시리니 그들이 왕관의 ☐☐ 같이 여호와의 땅에 빛나리로다

말씀기도

❶ 순간의 교만으로 넘어지지 않게 하시고, 형통 할 때 오히려 주님의 본을 따라 더욱 겸손하게 하소서.
❷ 환난과 핍박 중에도 인내하며 믿음을 지키게 하시고, 겸손함으로 참 성도로 인정받게 하소서.
❸ 사람들의 부정적 평가로 마음 상하지 말고 오직 주님의 평가를 바라보며 헌신하는 삶을 살게 하소서.

말씀배경 지식

하나님이 형통하게 하셨더라 (대하 26:5)

여로보암 2세와 웃시야 시대는 이스라엘의 태평 시대를 이루었다. 이때에는 앗수르가 북쪽 국경에서 아람 군대를 멸망시켰지만, 아직 히브리인들의 나라는 멸망시키지 않았었다.

357 일차 365

12월 23일

긍휼의 은혜를 놓치지 말아야 합니다

역대하 27-28장 | 요한계시록 14장 | 스가랴 10장 | 요한복음 13장

역대하 27-28장 | 긍휼을 떠난 심판

27:6 요담이 그의 하나님 여호와 앞에서 바른 길을 걸었으므로 점점 강하여졌더
라

28:1 아하스가 왕위에 오를 때에 나이가 이십 세라 예루살렘에서 십육 년 동안
다스렸으나 그의 조상 다윗과 같지 아니하여 여호와 보시기에 정직하게 행하지
아니하고

28:15 이 위에 이름이 기록된 자들이 일어나서 포로를 맞고 노략하여 온 것 중에
서 옷을 가져다가 벗은 자들에게 입히며 신을 신기며 먹이고 마시게 하며 기름을
바르고 그 약한 자들은 모두 나귀에 태워 데리고 종려나무 성 여리고에 이르러
그의 형제에게 돌려준 후에 사마리아로 돌아갔더라

28:16 그 때에 아하스 왕이 앗수르 왕에게 사람을 보내어 도와 주기를 구하였으
니

28:23 자기를 친 다메섹 신들에게 제사하여 이르되 아람 왕들의 신들이 그들을
도왔으니 나도 그 신에게 제사하여 나를 돕게 하리라 하였으나 그 신이 아하스와
온 이스라엘을 망하게 하였더라

요한계시록 14장 | 긍휼의 구원을 따라 인내해야 함

14:1 또 내가 보니 보라 어린 양이 시온 산에 섰고 그와 함께 십사만 사천이 서
있는데 그들의 이마에는 어린 양의 이름과 그 아버지의 이름을 쓴 것이 있더라

14:4 이 사람들은 여자와 더불어 더럽히지 아니하고 순결한 자라 어린 양이 어
디로 인도하든지 따라가는 자며 사람 가운데에서 속량함을 받아 처음 익은 열매
로 하나님과 어린 양에게 속한 자들이니

14:5 그 입에 거짓말이 없고 흠이 없는 자들이더라

14:8 또 다른 천사 곧 둘째가 그 뒤를 따라 말하되 무너졌도다 무너졌도다 큰 성
바벨론이여 모든 나라에게 그의 음행으로 말미암아 진노의 포도주를 먹이던 자
로다 하더라

14:12 성도들의 인내가 여기 있나니 그들은 하나님의 계명과 예수에 대한 믿음
을 지키는 자니라

오늘의 찬양
찬송가 527장 | 어서 돌아오오

맥체인성경365
2027p

스가랴 10장 | 긍휼을 통한 구원

10:1 봄비가 올 때에 여호와 곧 구름을 일게 하시는 여호와께 비를 구하라 무리
에게 소낙비를 내려서 밭의 채소를 각 사람에게 주시리라

10:6 내가 유다 족속을 견고하게 하며 요셉 족속을 구원할지라 내가 그들을 긍
휼히 여김으로 그들이 돌아오게 하리니 그들은 내가 내버린 일이 없었음 같이 되
리라 나는 그들의 하나님 여호와라 내가 그들에게 들으리라

10:8 내가 그들을 향하여 휘파람을 불어 그들을 모을 것은 내가 그들을 구속하
였음이라 그들이 전에 번성하던 것 같이 번성하리라

10:9 내가 그들을 여러 백성들 가운데 흩으려니와 그들이 먼 곳에서 나를 기억
하고 그들이 살아서 그들의 자녀들과 함께 돌아올지라

10:12 내가 그들로 나 여호와를 의지하여 견고하게 하리니 그들이 내 이름으로
행하리라 나 여호와의 말이니라

요한복음 13장 | 긍휼의 구원을 따라 사랑해야 함

13:1 유월절 전에 예수께서 자기가 세상을 떠나 아버지께로 돌아가실 때가 이른 줄
아시고 세상에 있는 자기 사람들을 사랑하시되 끝까지 사랑하시니라

13:4 저녁 잡수시던 자리에서 일어나 겉옷을 벗고 수건을 가져다가 허리에 두르시
고

13:5 이에 대야에 물을 떠서 제자들의 발을 씻으시고 그 두르신 수건으로 닦기를
시작하여

13:14 내가 주와 또는 선생이 되어 너희 발을 씻었으니 너희도 서로 발을 씻어 주
는 것이 옳으니라

13:34 새 계명을 너희에게 주노니 서로 사랑하라 내가 너희를 사랑한 것 같이 너희
도 서로 사랑하라

말씀연결 중심내용

대하 27-28 아하스 왕의 어리석은 모습을 보여주는 말씀입니다. 하나님을 떠나 죄악을 행함으로 하나님께서 이방 나라들을 통해 심판하셨는데, 끝까지 깨닫지 못하고 하나님께 돌이키지 않고 오히려 어리석게 자기를 친 다메섹 신들에게 제사하며 도움을 구했다는 것입니다. 그 결과 돌이킬 수 없는 멸망의 길을 걸어가는 것을 보여줍니다.

계 14 하나님의 긍휼의 사랑과 예수 그리스도의 십자가의 희생을 통해 주어진 구원을 기억하며, 핍박 중에도 끝까지 하나님의 말씀과 예수님에 대한 믿음을 지켜야 한다는 것을 말씀하고 있습니다.

슥 10 심판으로 흩어졌던 백성들이 다시 돌아오고 회복됨이 하나님의 긍휼 때문임을 말씀하고 있습니다. 하나님께서 그 긍휼로 그 백성들을 구원하며 견고하게 세우신다는 것입니다. 따라서 심판 중에 하나님을 생각하고 깨닫고 돌이켜 하나님의 긍휼의 은혜를 구해야 한다는 것을 말씀하고 있습니다.

요 13 예수님께서 제자들에게 주신 새 계명입니다. 서로 사랑하라는 것입니다. 예수님은 세상을 떠나 아버지께로 돌아가실 때가 이른 줄 아시고 제자들을 끝까지 사랑하셨습니다. 제자들의 발을 씻기심으로 그 사랑과 섬김의 본을 보이셨고, 또한 제자들에게 이처럼 서로 섬기며 사랑하라고 가르치셨습니다.

말씀묵상

하나님께서 그 백성을 긍휼히 여기심으로 구원의 은혜가 주어지고 놀라운 회복이 이루어집니다. 주님을 통해 받은 사랑을 힘써 우리 이웃들에게 실천하며 살아가야 합니다. 이 사랑의 삶을 통해 주님의 제자임을 드러내야 합니다.

말씀적용 오늘의 감사

말씀적용

오늘의 감사

믿음으로 감사

소망으로 감사

사랑으로 감사

말씀암송

요 13:34 새 계명을 너희에게 주노니 서로 □□하라 내가 너희를 □□한 것 같이 너희도 서로 □□하라

말씀기도

❶ 하나님의 긍휼의 은혜를 깨닫고 항상 하나님께 돌이키는 삶을 살게 하소서.
❷ 환난과 핍박 중에서도 끝까지 하나님의 말씀을 붙들고 믿음을 지켜 성도로서의 인내를 보이게 하소서.
❸ 주님 주신 새 계명을 따라 서로 사랑하게 하시고, 이를 통해 주님의 제자로서의 삶을 살게 하소서.

말씀배경 지식

내가 그들을 향하여 휘파람을 불어 (슥 10:8)

예레미야는 이스라엘을 다시 모으는 사건을 언급하면서 사냥과 고기잡이의 비유를 사용하였다(렘 16:16). 그런데 스가랴는 휘파람으로 꿀벌을 불러 모으는 양봉꾼의 비유를 사용하고 있다.

358 일차 365

12월 24일

주의 긍휼이 필요합니다

역대하 29장 | 요한계시록 15장 | 스가랴 11장 | 요한복음 14장

역대하 29장 | 예배를 통한 긍휼

29:5 그들에게 이르되 레위 사람들아 내 말을 들으라 이제 너희는 성결하게 하고 또 너희 조상들의 하나님 여호와의 전을 성결하게 하여 그 더러운 것을 성소에서 없애라

29:24 제사장들이 잡아 그 피를 속죄제로 삼아 제단에 드려 온 이스라엘을 위하여 속죄하니 이는 왕이 명령하여 온 이스라엘을 위하여 번제와 속죄제를 드리게 하였음이더라

29:25 왕이 레위 사람들을 여호와의 전에 두어서 다윗과 왕의 선견자 갓과 선지자 나단이 명령한 대로 제금과 비파와 수금을 잡게 하니 이는 여호와께서 그의 선지자들로 이렇게 명령하셨음이라

29:31 이에 히스기야가 말하여 이르되 너희가 이제 스스로 몸을 깨끗하게 하여 여호와께 드렸으니 마땅히 나아와 제물과 감사제물을 여호와의 전으로 가져오라 하니 회중이 제물과 감사제물을 가져오되 무릇 마음에 원하는 자는 또한 번제물도 가져오니

요한계시록 15장 | 믿음을 통한 긍휼

15:2 또 내가 보니 불이 섞인 유리 바다 같은 것이 있고 짐승과 그의 우상과 그의 이름의 수를 이기고 벗어난 자들이 유리 바다 가에 서서 하나님의 거문고를 가지고

15:3 하나님의 종 모세의 노래, 어린 양의 노래를 불러 이르되 주 하나님 곧 전능하신 이시여 하시는 일이 크고 놀라우시도다 만국의 왕이시여 주의 길이 의롭고 참되시도다

15:7 네 생물 중의 하나가 영원토록 살아 계신 하나님의 진노를 가득히 담은 금 대접 일곱을 그 일곱 천사들에게 주니

15:8 하나님의 영광과 능력으로 말미암아 성전에 연기가 가득 차매 일곱 천사의 일곱 재앙이 마치기까지는 성전에 능히 들어갈 자가 없더라

오늘의 찬양
찬송가 361장 | 기도하는 이 시간

맥체인성경365
2033p

스가랴 11장 | 긍휼이 없는 삶

11:6 여호와가 말하노라 내가 다시는 이 땅 주민을 불쌍히 여기지 아니하고 그
사람들을 각각 그 이웃의 손과 임금의 손에 넘기리니 그들이 이 땅을 칠지라도
내가 그들의 손에서 건져내지 아니하리라 하시기로

11:9 내가 이르되 내가 너희를 먹이지 아니하리라 죽는 자는 죽는 대로, 망하는
자는 망하는 대로, 나머지는 서로 살을 먹는 대로 두리라 하고

11:10 이에 은총이라 하는 막대기를 취하여 꺾었으니 이는 모든 백성들과 세운
언약을 폐하려 하였음이라

11:11 당일에 곧 폐하매 내 말을 지키던 가련한 양들은 이것이 여호와의 말씀이
었던 줄 안지라

요한복음 14장 | 예수님을 통한 긍휼

14:6 예수께서 이르시되 내가 곧 길이요 진리요 생명이니 나로 말미암지 않고는 아
버지께로 올 자가 없느니라

14:9 예수께서 이르시되 빌립아 내가 이렇게 오래 너희와 함께 있으되 네가 나를
알지 못하느냐 나를 본 자는 아버지를 보았거늘 어찌하여 아버지를 보이라 하느냐

14:12 내가 진실로 진실로 너희에게 이르노니 나를 믿는 자는 내가 하는 일을 그도
할 것이요 또한 그보다 큰 일도 하리니 이는 내가 아버지께로 감이라

14:13 너희가 내 이름으로 무엇을 구하든지 내가 행하리니 이는 아버지로 하여금
아들로 말미암아 영광을 받으시게 하려 함이라

14:14 내 이름으로 무엇이든지 내게 구하면 내가 행하리라

14:16 내가 아버지께 구하겠으니 그가 또 다른 보혜사를 너희에게 주사 영원토록
너희와 함께 있게 하리니

말씀연결 중심내용

대하 29 히스기야가 왕위에 올라 제일 먼저 힘쓴 일이 하나님의 전을 성결하게 회복하는 일이었습니다. 닫힌 성전 문을 열고 수리하고, 제사장들과 레위인들을 불러 성전을 정화하고, 그동안 중단되었던 예배를 다시 드리기 시작한 것입니다. 그 때에 하나님께서 그 예배를 기쁨으로 받으시고 다시 그 백성들에게 긍휼을 베풀어 주셨습니다.

계 15 구원의 자리에 서서 하나님을 찬양하는 성도들에 대한 말씀인데, 이들은 짐승과 그의 우상과 그의 이름의 수를 이기고 벗어난 자들이라고 말씀하십니다. 곧 핍박과 환난 중에서도 믿음을 지키고 승리한 성도들이라는 것입니다.

슥 11 하나님께서 그 백성들을 불쌍히 여기지 않으시고 돌보지 않으시면 이방나라에 넘겨져 멸망 당할 수밖에 없다고 말씀하고 있습니다. 하나님께서 그렇게 이방 나라에게 넘기시고, 또 백성들을 칠 때에 결코 도와주지 않으신다는 것입니다.

요 14 오직 예수님을 통해 하나님께 나아가는 은혜를 얻을 수 있다고 말씀하고 있습니다. 하나님 아버지께로 나아가 긍휼을 입고 생명과 구원의 은혜를 얻는 유일한 길이 바로 예수님께 있다는 것입니다. 따라서 다른 무엇이 아니라 예수님을 선택해야 합니다. 예수님을 붙잡고, 예수님을 떠나지 말아야 합니다.

말씀묵상

현재의 평안이 하나님께서 긍휼로 돌보시기 때문임을 깨닫고, 계속적인 하나님의 긍휼이 있기를 힘써 구해야 합니다. 핍박과 환난을 이기고 지킨 믿음이 하나님의 긍휼과 구원을 가능케 합니다.

말씀적용 오늘의 감사

말씀적용

오늘의 감사

믿음으로 감사

소망으로 감사

사랑으로 감사

말씀암송

요 14:6 예수께서 이르시되 내가 곧 ☐이요 ☐☐요 ☐☐이니 나로 말미암지 않고는 아버지께로 올 자가 없느니라

말씀기도

❶ 성전 된 우리의 몸을 더욱 성결하게 세워가게 하시고, 온전히 하나님을 예배하는 일에 힘쓰게 하소서.

❷ 세상의 어떤 것에도 유혹되지 않고, 길이요 진리요 생명이신 예수 그리스도를 붙잡고 살아가게 하소서.

❸ 환난과 핍박 중에도 끝까지 믿음을 지켜 하나님의 긍휼의 은혜를 누리고 구원의 자리에 서게 하소서.

말씀배경 지식

무릇 마음에 원하는 자는 또한 번제물도 가져오니 (대하 29:31)

가져온 번제물은 제단 위에서 온전히 불태웠다. 이러한 제물들은 감사제물, 혹은 화목제와 좋은 대조를 이루는데 이러한 제물들은 주로 그것을 드린 자들이, 드린 후에 따르는 축제 중에 먹었다(대상 29:21)

359 일차 365

열매 맺어야 합니다

12월 25일

역대하 30장 | 요한계시록 16장 | 스가랴 12-13장 1절 | 요한복음 15장

역대하 30장 | 전도로 열매 맺어야 함

30:10 보발꾼이 에브라임과 므낫세 지방 각 성읍으로 두루 다녀서 스불론까지 이르렀으나 사람들이 그들을 조롱하며 비웃었더라

30:11 그러나 아셀과 므낫세와 스불론 중에서 몇 사람이 스스로 겸손한 마음으로 예루살렘에 이르렀고

30:12 하나님의 손이 또한 유다 사람들을 감동시키사 그들에게 왕과 방백들이 여호와의 말씀대로 전한 명령을 한 마음으로 준행하게 하셨더라

30:19 결심하고 하나님 곧 그의 조상들의 하나님 여호와를 구하는 사람은 누구든지 비록 성소의 결례대로 스스로 깨끗하게 못하였을지라도 사하옵소서 하였더니

30:20 여호와께서 히스기야의 기도를 들으시고 백성을 고치셨더라

요한계시록 16장 | 믿음으로 열매 맺어야 함

16:1 또 내가 들으니 성전에서 큰 음성이 나서 일곱 천사에게 말하되 너희는 가서 하나님의 진노의 일곱 대접을 땅에 쏟으라 하더라

16:7 또 내가 들으니 제단이 말하기를 그러하다 주 하나님 곧 전능하신 이시여 심판하시는 것이 참되시고 의로우시도다 하더라

16:14 그들은 귀신의 영이라 이적을 행하여 온 천하 왕들에게 가서 하나님 곧 전능하신 이의 큰 날에 있을 전쟁을 위하여 그들을 모으더라

16:15 보라 내가 도둑 같이 오리니 누구든지 깨어 자기 옷을 지켜 벌거벗고 다니지 아니하며 자기의 부끄러움을 보이지 아니하는 자는 복이 있도다

오늘의 찬양
찬송가 115장 | 기쁘다 구주 오셨네

맥체인성경365
2038p

스가랴 12-13장 1절 | 회개로 열매를 맺어야 함

12:6 그 날에 내가 유다 지도자들을 나무 가운데에 화로 같게 하며 곡식단 사이
에 횃불 같게 하리니 그들이 그 좌우에 에워싼 모든 민족들을 불사를 것이요 예
루살렘 사람들은 다시 그 본 곳 예루살렘에 살게 되리라

12:8 그 날에 여호와가 예루살렘 주민을 보호하리니 그 중에 약한 자가 그 날에
는 다윗 같겠고 다윗의 족속은 하나님 같고 무리 앞에 있는 여호와의 사자 같을
것이라

12:10 내가 다윗의 집과 예루살렘 주민에게 은총과 간구하는 심령을 부어 주리
니 그들이 그 찌른 바 그를 바라보고 그를 위하여 애통하기를 독자를 위하여 애
통하듯 하며 그를 위하여 통곡하기를 장자를 위하여 통곡하듯 하리로다

요한복음 15장 | 많은 열매를 맺어야 함

15:1 나는 참포도나무요 내 아버지는 농부라

15:5 나는 포도나무요 너희는 가지라 그가 내 안에, 내가 그 안에 거하면 사람이 열
매를 많이 맺나니 나를 떠나서는 너희가 아무 것도 할 수 없음이라

15:6 사람이 내 안에 거하지 아니하면 가지처럼 밖에 버려져 마르나니 사람들이 그
것을 모아다가 불에 던져 사르느니라

15:7 너희가 내 안에 거하고 내 말이 너희 안에 거하면 무엇이든지 원하는 대로 구
하라 그리하면 이루리라

15:8 너희가 열매를 많이 맺으면 내 아버지께서 영광을 받으실 것이요 너희는 내
제자가 되리라

15:17 내가 이것을 너희에게 명함은 너희로 서로 사랑하게 하려 함이라

말씀연결 중심내용

대하 30 히스기야 왕은 온 백성들과 함께 그동안 지키지 않았던 유월절을 율법에 따라 온전히 지켜, 하나님을 경외하는 신앙을 굳건히 세우고자 했습니다. 이를 위해 온 이스라엘과 유다에 예루살렘에 모이라는 명령을 내리고 에브라임과 므낫세에 편지를 보냈습니다. 왕과 방백들의 편지를 받은 보발꾼들은 온 이스라엘과 유다를 다니며 왕의 명령을 전했습니다.

계 16 하나님의 진노의 일곱 대접을 땅에 쏟게 되는 말씀으로, 여섯 번째 진노의 대접이 쏟아진 이후, 들려진 예수님의 말씀입니다. 주님은 도둑 같이 임하시고, 따라서 항상 깨어서 자기 옷을 지켜야 한다고 말씀하고 있습니다. 환난과 핍박 중에서도 주님을 향한 믿음을 지키고, 주님을 향한 충성에서 떠나지 않아야 한다는 것입니다.

슥 12-13:1 그 날에 하나님께서 백성들에게 은총과 간구하는 심령을 부어주고 이를 통해 그 백성들이 그들의 죄에 대해서 애통하며 통곡하게 된다고 말씀하고 있습니다. 백성들은 성령의 감동 속에 그들이 죽인 예수 그리스도를 깊이 생각하고 애통하며 회개하게 된다는 것입니다.

요 15 주님 안에 있어야 함을 강조하는데, 주님께 붙어 있지 않으면 곧 주님 안에 있지 않으면 결코 열매를 맺을 수 없다는 것입니다. 주님 안에 거해야 많은 열매를 맺을 수 있다는 것입니다.

말씀묵상

조롱과 비웃음이 있다고 할지라도 힘써 주님의 명령을 따라 복음을 전해야 합니다. 이것이 주님 안에 열매 맺는 삶입니다. 믿음을 지키고 힘써 충성의 삶을 살아갈 때 주님 안에 거하여 열매 맺을 수 있습니다. 힘써 성령을 간구하고, 성령의 임재 속에서 철저히 회개하여 주님 안에 거해야 합니다.

말씀적용 오늘의 감사

말씀적용

오늘의 감사

믿음으로 감사

소망으로 감사

사랑으로 감사

말씀암송

계 16:15 보라 내가 [ ][ ] 같이 오리니 누구든지 깨어 자기 옷을 지켜 벌거벗고 다니지 아니하며 자기의 부끄러움을 보이지 아니하는 자는 [ ]이 있도다

말씀기도

❶ 성령을 따라 애통하며 회개하게 하시고, 주 안에 거하여 풍성히 열매 맺는 삶을 살게 하소서.

❷ 환난과 핍박 중에서도 믿음을 지키고 주님이 임하실 때에, 부끄러움을 당하지 않게 하소서.

❸ 조롱과 비웃음이 있어도 힘써 주님의 명령을 따라 복음을 전하는 삶을 살게 하소서.

말씀배경 지식

나무 가운데에 화로 같게 하며 (슥 12:6)

하나님께서는 두 방법으로 승리하게 만드실 것이다. 첫째로 적들에게서 힘을 빼앗을 것이며, 둘째로 이스라엘에게 적들을 대항할 수 있는 능력을 부여함으로 이스라엘을 승리하게 하실 것이다. 적들은 마치 나무와 볏짚이 불에 타듯이 완전히 멸절될 것이다.

360 일차 365

12월 26일

멸하여야 할 우상과 영광 받으실 예수님

역대하 31장 | 요한계시록 17장 | 스가랴 13장 2-9절 | 요한복음 16장

역대하 31장 | 우상들을 제거함

31:1 이 모든 일이 끝나매 거기에 있는 이스라엘 무리가 나가서 유다 여러 성읍에 이르러 주상들을 깨뜨리며 아세라 목상들을 찍으며 유다와 베냐민과 에브라임과 므낫세 온 땅에서 산당들과 제단들을 제거하여 없애고 이스라엘 모든 자손이 각각 자기들의 본성 기업으로 돌아갔더라

31:2 히스기야가 제사장들과 레위 사람들의 반열을 정하고 그들의 반열에 따라 각각 그들의 직임을 행하게 하되 곧 제사장들과 레위 사람들에게 번제와 화목제를 드리며 여호와의 휘장 문에서 섬기며 감사하며 찬송하게 하고

31:8 히스기야와 방백들이 와서 쌓인 더미들을 보고 여호와를 송축하고 그의 백성 이스라엘을 위하여 축복하니라

31:11 그 때에 히스기야가 명령하여 여호와의 전 안에 방들을 준비하라 하므로 그렇게 준비하고

31:20 히스기야가 온 유다에 이같이 행하되 그의 하나님 여호와 보시기에 선과 정의와 진실함으로 행하였으니

31:21 그가 행하는 모든 일 곧 하나님의 전에 수종드는 일에나 율법에나 계명에나 그의 하나님을 찾고 한 마음으로 행하여 형통하였더라

요한계시록 17장 | 만왕의 왕이신 어린 양

17:12 네가 보던 열 뿔은 열 왕이니 아직 나라를 얻지 못하였으나 다만 짐승과 더불어 임금처럼 한동안 권세를 받으리라

17:13 그들이 한 뜻을 가지고 자기의 능력과 권세를 짐승에게 주더라

17:14 그들이 어린 양과 더불어 싸우려니와 어린 양은 만주의 주시요 만왕의 왕이시므로 그들을 이기실 터이요 또 그와 함께 있는 자들 곧 부르심을 받고 택하심을 받은 진실한 자들도 이기리로다

오늘의 찬양
찬송가 357장 | 주 믿는 사람 일어나

맥체인성경365
2043p

스가랴 13장 2-9절 | 우상을 이 땅에서 멸하심

13:2 만군의 여호와가 말하노라 그 날에 내가 우상의 이름을 이 땅에서 끊어서
기억도 되지 못하게 할 것이며 거짓 선지자와 더러운 귀신을 이 땅에서 떠나게
할 것이라

13:7 만군의 여호와가 말하노라 칼아 깨어서 내 목자, 내 짝 된 자를 치라 목자를
치면 양이 흩어지려니와 작은 자들 위에는 내가 내 손을 드리우리라

13:9 내가 그 삼분의 일을 불 가운데에 던져 은 같이 연단하며 금 같이 시험할 것
이라 그들이 내 이름을 부르리니 내가 들을 것이며 나는 말하기를 이는 내 백성
이라 할 것이요 그들은 말하기를 여호와는 내 하나님이시라 하리라

요한복음 16장 | 세상을 이기신 예수님께 간구함

16:7 그러나 내가 너희에게 실상을 말하노니 내가 떠나가는 것이 너희에게 유익이
라 내가 떠나가지 아니하면 보혜사가 너희에게로 오시지 아니할 것이요 가면 내가
그를 너희에게로 보내리니

16:13 그러나 진리의 성령이 오시면 그가 너희를 모든 진리 가운데로 인도하시리
니 그가 스스로 말하지 않고 오직 들은 것을 말하며 장래 일을 너희에게 알리시리
라

16:23 그 날에는 너희가 아무 것도 내게 묻지 아니하리라 내가 진실로 진실로 너희
에게 이르노니 너희가 무엇이든지 아버지께 구하는 것을 내 이름으로 주시리라

16:24 지금까지는 너희가 내 이름으로 아무 것도 구하지 아니하였으나 구하라 그
리하면 받으리니 너희 기쁨이 충만하리라

16:33 이것을 너희에게 이르는 것은 너희로 내 안에서 평안을 누리게 하려 함이라
세상에서는 너희가 환난을 당하나 담대하라 내가 세상을 이기었노라

말씀연결 중심내용

대하 31 히스기야의 개혁을 보여줍니다. 히스기야 왕이 유다 여러 성읍의 주상들과 아세라 목상들을 찍으며 산당들과 제단들을 제거하였습니다. 또 제사장들과 레위 사람들이 여호와의 율법을 힘쓰게 하기 위해 십일조를 드리게 합니다. 이같이 하나님 보시기에 정의와 진실함으로 행하여 형통하게 되는 것을 보여줍니다.

계 17 많은 물 위에 앉은 큰 음녀에게 내릴 심판을 보여줍니다. 땅의 임금들과 땅에 사는 자들이 붉은 빛 짐승을 탄 여자와 더불어 음행하고 만왕의 왕이신 어린 양과 더불어 싸우지만 어린 양이 이기실 것이라고 말씀하십니다.

슥 13:2-9 예루살렘에 우상의 이름과 거짓 선지자와 더러운 귀신이 떠나게 될 것을 말씀합니다. 또한 예수 그리스도의 죽음과 많은 사람들 가운데 불 가운데서 연단과 시험을 받은 언약 백성을 보여줍니다.

요 16 장차 제자들에게 임할 환난으로 근심하는 제자들에게 보혜사 성령에 대해 말씀해 주십니다. 그리고 예수님께서 아버지께로 가실 것을 말씀하시며 세상에 대한 승리를 확실하게 보여주십니다.

말씀묵상

우리의 삶 속에 내재된 우상들을 깨뜨리고 찍으십시오. 그리고 만왕의 왕이신 예수님을 모시고, 그 분의 통치에 순종하십시오. 예수 그 이름의 능력을 온전히 믿어야 합니다.

말씀적용 오늘의 감사

말씀적용

오늘의 감사

믿음으로 감사

소망으로 감사

사랑으로 감사

말씀암송

요 16:33 이것을 너희에게 이르는 것은 너희로 내 안에서 [ ][ ]을 누리게 하려 함이라 세상에서는 너희가 [ ][ ]을 당하나 [ ][ ]하라 내가 세상을 이기었노라

말씀기도

❶ 오직 한 마음으로 하나님만을 찾고 주님의 뜻을 행하게 하소서.
❷ 영적 싸움에서의 최후 승리를 믿음으로 지금의 환난을 인내로 이기게 하소서.
❸ 나를 위한 예수 그리스도의 사랑을 많은 사람들에게 증거하게 하소서.

말씀배경 지식

이스라엘 무리가... 아세라 목상들을 찍으며 (대하 31:1)

바알을 숭배하는 양식에 따라 바알을 섬기는 곳이었든, 여호와를 섬기는 곳이었든간에 지방의 산당들을 제거하여 없앴다. 히스기야는 모세가 만든 놋뱀도 파괴하였는데 이것이 우상 숭배의 대상으로 악용되었기 때문이다.

361 일차 365

헛된 영화와 헛되지 않은 영화

12월 27일

역대하 32장 | 요한계시록 18장 | 스가랴 14장 | 요한복음 17장

역대하 32장 | 헛된 의지와 교만

32:7 너희는 마음을 강하게 하며 담대히 하고 앗수르 왕과 그를 따르는 온 무리로 말미암아 두려워하지 말며 놀라지 말라 우리와 함께 하시는 이가 그와 함께 하는 자보다 크니

32:8 그와 함께 하는 자는 육신의 팔이요 우리와 함께 하시는 이는 우리의 하나님 여호와시라 반드시 우리를 도우시고 우리를 대신하여 싸우시리라 하매 백성이 유다 왕 히스기야의 말로 말미암아 안심하니라

32:20 이러므로 히스기야 왕이 아모스의 아들 선지자 이사야와 더불어 하늘을 향하여 부르짖어 기도하였더니

32:21 여호와께서 한 천사를 보내어 앗수르 왕의 진영에서 모든 큰 용사와 대장과 지휘관들을 멸하신지라 앗수르 왕이 낯이 뜨거워 그의 고국으로 돌아갔더니 그의 신의 전에 들어갔을 때에 그의 몸에서 난 자들이 거기서 칼로 죽였더라

32:23 여러 사람이 예물을 가지고 예루살렘에 와서 여호와께 드리고 또 보물을 유다 왕 히스기야에게 드린지라 이 후부터 히스기야가 모든 나라의 눈에 존귀하게 되었더라

요한계시록 18장 | 헛된 부와 영화

18:8 그러므로 하루 동안에 그 재앙들이 이르리니 곧 사망과 애통함과 흉년이라 그가 또한 불에 살라지리니 그를 심판하시는 주 하나님은 강하신 자이심이라

18:17 그러한 부가 한 시간에 망하였도다 모든 선장과 각처를 다니는 선객들과 선원들과 바다에서 일하는 자들이 멀리 서서

18:18 그가 불타는 연기를 보고 외쳐 이르되 이 큰 성과 같은 성이 어디 있느냐 하며

18:19 티끌을 자기 머리에 뿌리고 울며 애통하여 외쳐 이르되 화 있도다 화 있도다 이 큰 성이여 바다에서 배 부리는 모든 자들이 너의 보배로운 상품으로 치부하였더니 한 시간에 망하였도다

오늘의 찬양
찬송가 435장 | 나의 영원하신 기업

맥체인성경365
2048p

스가랴 14장 | 헛되지 않은 의지와 경배

14:9 여호와께서 천하의 왕이 되시리니 그 날에는 여호와께서 홀로 한 분이실 것
이요 그의 이름이 홀로 하나이실 것이라

14:20 그 날에는 말 방울에까지 여호와께 성결이라 기록될 것이라 여호와의 전
에 있는 모든 솥이 제단 앞 주발과 다름이 없을 것이니

14:21 예루살렘과 유다의 모든 솥이 만군의 여호와의 성물이 될 것인즉 제사 드
리는 자가 와서 이 솥을 가져다가 그것으로 고기를 삶으리라 그 날에는 만군의
여호와의 전에 가나안 사람이 다시 있지 아니하리라

요한복음 17장 | 헛되지 않은 영화

17:1 예수께서 이 말씀을 하시고 눈을 들어 하늘을 우러러 이르시되 아버지여 때가
이르렀사오니 아들을 영화롭게 하사 아들로 아버지를 영화롭게 하게 하옵소서

17:2 아버지께서 아들에게 주신 모든 사람에게 영생을 주게 하시려고 만민을 다스
리는 권세를 아들에게 주셨음이로소이다

17:4 아버지께서 내게 하라고 주신 일을 내가 이루어 아버지를 이 세상에서 영화롭
게 하였사오니

17:5 아버지여 창세 전에 내가 아버지와 함께 가졌던 영화로써 지금도 아버지와 함
께 나를 영화롭게 하옵소서

17:12 내가 그들과 함께 있을 때에 내게 주신 아버지의 이름으로 그들을 보전하고
지키었나이다 그 중의 하나도 멸망하지 않고 다만 멸망의 자식뿐이오니 이는 성경
을 응하게 함이니이다

말씀연결 중심내용

대하 32 하나님께서 앗수르의 군대를 물리치신 말씀입니다. 앗수르 왕 산헤립이 유다를 침공하여 예루살렘을 에워싸고 어떤 나라의 신들도 자신들의 손에서 그 나라와 백성들을 구원하지 못했음을 말하며, 하나님도 그 백성을 구원하지 못할 것이라고 교만함으로 하나님을 조롱하고 비방했습니다. 앗수르 왕은 자신의 군대를 믿고 이처럼 교만한 것인데, 결국 하나님이 보내신 한 천사에 의해 모든 군사들이 멸망당하고 말았습니다.

계 18 영화를 누리던 큰 성 바벨론이 하루 사이에 멸망하게 된다고 말씀합니다. 영원토록 영화를 누릴 것이라 자만하던 성이 하루 사이에 하나님의 재앙을 통해 사망과 애통과 멸망을 당하게 된다는 것입니다. 또 바벨론으로 인해 부자가 된 상인들이 한 순간에 잿더미가 된 바벨론 성을 바라보며 애통하게 된다고 말씀합니다. 그 많은 재물이 한순간에 불타 사라지는 것을 보며 허망함으로 통곡하게 된다는 것입니다.

슥 14 그 날에 하나님께서 모든 이방 대적들을 모아 물리치시고 여호와 하나님만이 유일한 하나님이요, 온 세상의 유일한 왕이 되심을 나타내신다고 말씀하십니다. 이방 모든 나라들이 하나님께 경배하기 위해 예루살렘에 올라오게 될 것이며, 온 땅이 거룩함으로 하나님을 예배하게 된다는 것입니다.

요 17 하나님께서 맡기신 사명을 이루어 하나님을 영화롭게 한 예수님께서 당신을 영화롭게 해주시기를 기도하는 말씀입니다. 하나님 밖에서 추구하는 부와 영화는 헛되지만, 하나님 안에서 하나님의 영화를 위해 힘쓰며, 그 속에서 하나님을 통해 누리는 영화는 영원하며 결코 헛되지 않다는 것입니다.

말씀묵상

거룩함으로 하나님을 경배하며 의지하는 삶은 결코 헛되지 않습니다. 크고 찬란하던 부와 영화도 하나님의 심판으로 한 순간에 무너지고 사라질 수 있습니다. 어떤 어려움 속에서도 겸손히 하나님을 의지하면 결코 헛되지 않은 결과를 볼 수 있습니다.

말씀적용 오늘의 감사

말씀적용

오늘의 감사

믿음으로 감사

소망으로 감사

사랑으로 감사

말씀암송

슥 14:9 여호와께서 천하의 [ ]이 되시리니 그 날에는 여호와께서 홀로 [ ] 분이실 것이요 그의 이름이 홀로 [ ] [ ]이실 것이라

말씀기도

❶ 헛된 힘과 세력을 의지하여 교만하지 말고, 어려움 중에서도 하나님을 의지하고 바라보게 하소서.

❷ 하루 사이에 무너질 헛된 부와 영화에 어리석게 마음 빼앗기지 않게 하소서.

❸ 맡기신 사명에 힘을 다해 하나님을 영화롭게 하며, 이를 통해 하나님께서 주시는 영화를 구하고 누리게 하소서.

말씀배경 지식

아버지를
이 세상에서
영화롭게
하였사오니
(요 17:4)

주님께서는 아버지께서 자기에게 맡기신 일(아버지를 알리는 일, 죄인된 형상으로 세상에 오시는 일, 열두 제자를 택하여 훈련시키는 일, 십자가에서의 죽음)등을 이루었다는 말로써 설명하셨다.

362 일차 365

12월 28일

그럼에도 사랑하십니다

역대하 33장 | 요한계시록 19장 | 말라기 1장 | 요한복음 18장

역대하 33장 | 용서를 통한 사랑

33:10 여호와께서 므낫세와 그의 백성에게 이르셨으나 그들이 듣지 아니하므로

33:11 여호와께서 앗수르 왕의 군대 지휘관들이 와서 치게 하시매 그들이 므낫
세를 사로잡고 쇠사슬로 결박하여 바벨론으로 끌고 간지라

33:12 그가 환난을 당하여 그의 하나님 여호와께 간구하고 그의 조상들의 하나
님 앞에 크게 겸손하여

33:13 기도하였으므로 하나님이 그의 기도를 받으시며 그의 간구를 들으시사 그
가 예루살렘에 돌아와서 다시 왕위에 앉게 하시매 므낫세가 그제서야 여호와께
서 하나님이신 줄을 알았더라

요한계시록 19장 | 구원을 통한 사랑

19:1 이 일 후에 내가 들으니 하늘에 허다한 무리의 큰 음성 같은 것이 있어 이르
되 할렐루야 구원과 영광과 능력이 우리 하나님께 있도다

19:5 보좌에서 음성이 나서 이르시되 하나님의 종들 곧 그를 경외하는 너희들아
작은 자나 큰 자나 다 우리 하나님께 찬송하라 하더라

19:9 천사가 내게 말하기를 기록하라 어린 양의 혼인 잔치에 청함을 받은 자들
은 복이 있도다 하고 또 내게 말하되 이것은 하나님의 참되신 말씀이라 하기로

19:16 그 옷과 그 다리에 이름을 쓴 것이 있으니 만왕의 왕이요 만주의 주라 하
였더라

오늘의 찬양
찬송가 286장 | 주 예수님 내 맘에 오사

맥체인성경365
2054p

말라기 1장 | 선택을 통한 사랑

1:2 여호와께서 이르시되 내가 너희를 사랑하였노라 하나 너희는 이르기를 주께
서 어떻게 우리를 사랑하셨나이까 하는도다 나 여호와가 말하노라 에서는 야곱
의 형이 아니냐 그러나 내가 야곱을 사랑하였고

1:3 에서는 미워하였으며 그의 산들을 황폐하게 하였고 그의 산업을 광야의 이
리들에게 넘겼느니라

1:5 너희는 눈으로 보고 이르기를 여호와께서는 이스라엘 지역 밖에서도 크시다
하리라

1:11 만군의 여호와가 이르노라 해 뜨는 곳에서부터 해 지는 곳까지의 이방 민
족 중에서 내 이름이 크게 될 것이라 각처에서 내 이름을 위하여 분향하며 깨끗
한 제물을 드리리니 이는 내 이름이 이방 민족 중에서 크게 될 것임이니라

요한복음 18장 | 십자가를 통한 사랑

18:4 예수께서 그 당할 일을 다 아시고 나아가 이르시되 너희가 누구를 찾느냐

18:5 대답하되 나사렛 예수라 하거늘 이르시되 내가 그니라 하시니라 그를 파는
유다도 그들과 함께 섰더라

18:12 이에 군대와 천부장과 유대인의 아랫사람들이 예수를 잡아 결박하여

18:13 먼저 안나스에게로 끌고 가니 안나스는 그 해의 대제사장인 가야바의 장
인이라

18:33 이에 빌라도가 다시 관정에 들어가 예수를 불러 이르되 네가 유대인의 왕
이냐

18:36 예수께서 대답하시되 내 나라는 이 세상에 속한 것이 아니니라 만일 내 나
라가 이 세상에 속한 것이었더라면 내 종들이 싸워 나로 유대인들에게 넘겨지지
않게 하였으리라 이제 내 나라는 여기에 속한 것이 아니니라

18:37 빌라도가 이르되 그러면 네가 왕이 아니냐 예수께서 대답하시되 네 말과
같이 내가 왕이니라 내가 이를 위하여 태어났으며 이를 위하여 세상에 왔나니 곧
진리에 대하여 증언하려 함이로라 무릇 진리에 속한 자는 내 음성을 듣느니라 하
신대

말씀연결 중심내용

대하 33 므낫세 왕의 큰 범죄와 불의함에도 불구하고, 그가 환난 중에 깨닫고 겸손하여 하나님께 기도할 때, 하나님께서 그 기도를 들으시고 응답하셨다는 것을 보여줍니다. 그를 사랑으로 용서하여 다시 예루살렘에 돌아오게 하시고 왕위에 앉게 하셨다는 것입니다.

계 19 어린 양의 혼인 잔치 곧 구원의 자리에 청함을 받은 자들이 복이 있음을 말씀하고 있는데, 성도들이 세마포 옷을 입고 이 자리에 청함 받아 참여할 수 있는 것은 오직 하나님의 사랑으로 가능한 일입니다.

말 1 야곱을 향한 하나님의 특별한 사랑, 선택적 사랑을 말씀하고 있습니다. 곧 야곱은 사랑하였고, 에서는 야곱 다음이었다는 것입니다. 백성들이 "어떻게 우리를 사랑하셨나이까?"라고 질문할 만큼 하나님의 사랑에 대해 깨닫지 못하고 알아주지 못해도 사랑하셨다는 것입니다. 야곱을 은혜로 선택하시고, 무조건적인 사랑을 베풀어주셨습니다.

요 18 예수님께서 붙잡히셔서 이후 심문 받고 십자가를 지시게 되는 말씀입니다. 예수님께서 붙잡히시고 또 심문받고 십자가에서 고난 중에 죽으시는 것은 오직 우리를 구원하기 위한 사랑 때문입니다.

말씀묵상

예수님께서는 사랑 때문에 묵묵히 고통을 참으며 십자가의 길을 걸어가셨습니다. 범죄함으로 인해 환난 가운데 빠져도 돌이켜 기도하면 사랑으로 회복시켜 주십니다.

말씀적용 오늘의 감사

말씀적용

오늘의 감사

믿음으로 감사

소망으로 감사

사랑으로 감사

말씀암송

대하 33:12 그가 환난을 당하여 그의 하나님 여호와께 [ ]
[ ]하고 그의 조상들의 하나님 앞에 크게 [ ][ ]하여

말씀기도

❶ 하나님의 절대적 선택과 놀라운 사랑을 깨닫고 감사하는 삶을 살게 하소서.
❷ 구원을 위해 십자가의 고난을 참고 이기신 주님의 사랑을 기억하며, 그 사랑을 떠나지 않게 하소서.
❸ 어린 양의 혼인 잔치에 청함 받는 복이 있는 주의 백성 되게 하소서.

말씀배경 지식

너희는 눈으로 보고 (말 1:5)

이 말은 말라기와 동시대인들이 에돔 땅이 정복되는 것을 볼 것이라는 의미일 수 있다.

363 일차/365

12월 29일

말씀으로 살아야 합니다

역대하 34장 | 요한계시록 20장 | 말라기 2장 | 요한복음 19장

역대하 34장 | 말씀으로 돌아가야 함

34:2 여호와 보시기에 정직하게 행하여 그의 조상 다윗의 길로 걸으며 좌우로 치우치지 아니하고

34:3 아직도 어렸을 때 곧 왕위에 있은 지 팔 년에 그의 조상 다윗의 하나님을 비로소 찾고 제십이년에 유다와 예루살렘을 비로소 정결하게 하여 그 산당들과 아세라 목상들과 아로새긴 우상들과 부어 만든 우상들을 제거하여 버리매

34:19 왕이 율법의 말씀을 듣자 곧 자기 옷을 찢더라

34:31 왕이 자기 처소에 서서 여호와 앞에서 언약을 세우되 마음을 다하고 목숨을 다하여 여호와를 순종하고 그의 계명과 법도와 율례를 지켜 이 책에 기록된 언약의 말씀을 이루리라 하고

34:32 예루살렘과 베냐민에 있는 자들이 다 여기에 참여하게 하매 예루살렘 주민이 하나님 곧 그의 조상들의 하나님의 언약을 따르니라

요한계시록 20장 | 말씀으로 죽기까지 해야 함

20:4 또 내가 보좌들을 보니 거기에 앉은 자들이 있어 심판하는 권세를 받았더라 또 내가 보니 예수를 증언함과 하나님의 말씀 때문에 목 베임을 당한 자들의 영혼들과 또 짐승과 그의 우상에게 경배하지 아니하고 그들의 이마와 손에 그의 표를 받지 아니한 자들이 살아서 그리스도와 더불어 천 년 동안 왕 노릇 하니

20:6 이 첫째 부활에 참여하는 자들은 복이 있고 거룩하도다 둘째 사망이 그들을 다스리는 권세가 없고 도리어 그들이 하나님과 그리스도의 제사장이 되어 천 년 동안 그리스도와 더불어 왕 노릇 하리라

20:12 또 내가 보니 죽은 자들이 큰 자나 작은 자나 그 보좌 앞에 서 있는데 책들이 펴 있고 또 다른 책이 펴졌으니 곧 생명책이라 죽은 자들이 자기 행위를 따라 책들에 기록된 대로 심판을 받으니

20:13 바다가 그 가운데에서 죽은 자들을 내주고 또 사망과 음부도 그 가운데에서 죽은 자들을 내주매 각 사람이 자기의 행위대로 심판을 받고

20:15 누구든지 생명책에 기록되지 못한 자는 불못에 던져지더라

오늘의 찬양
찬송가 546장 | 주님 약속하신 말씀 위에 서

맥체인성경365
2060p

말라기 2장 | 말씀으로 지켜가야 함

2:2 만군의 여호와가 이르노라 너희가 만일 듣지 아니하며 마음에 두지 아니하
여 내 이름을 영화롭게 하지 아니하면 내가 너희에게 저주를 내려 너희의 복을
저주하리라 내가 이미 저주하였나니 이는 너희가 그것을 마음에 두지 아니하였
음이라

2:5 레위와 세운 나의 언약은 생명과 평강의 언약이라 내가 이것을 그에게 준 것
은 그로 경외하게 하려 함이라 그가 나를 경외하고 내 이름을 두려워하였으며

2:8 너희는 옳은 길에서 떠나 많은 사람을 율법에 거스르게 하는도다 나 만군의
여호와가 이르노니 너희가 레위의 언약을 깨뜨렸느니라

2:9 너희가 내 길을 지키지 아니하고 율법을 행할 때에 사람에게 치우치게 하였
으므로 나도 너희로 하여금 모든 백성 앞에서 멸시와 천대를 당하게 하였느니라
하시니라

2:16 이스라엘의 하나님 여호와가 이르노니 나는 이혼하는 것과 옷으로 학대를
가리는 자를 미워하노라 만군의 여호와의 말이니라 그러므로 너희 심령을 삼가
지켜 거짓을 행하지 말지니라

요한복음 19장 | 말씀으로 이루어야 함

19:28 그 후에 예수께서 모든 일이 이미 이루어진 줄 아시고 성경을 응하게 하려
하사 이르시되 내가 목마르다 하시니

19:29 거기 신 포도주가 가득히 담긴 그릇이 있는지라 사람들이 신 포도주를 적신
해면을 우슬초에 매어 예수의 입에 대니

19:30 예수께서 신 포도주를 받으신 후에 이르시되 다 이루었다 하시고 머리를 숙
이니 영혼이 떠나가시니라

19:35 이를 본 자가 증언하였으니 그 증언이 참이라 그가 자기의 말하는 것이 참인
줄 알고 너희로 믿게 하려 함이니라

19:36 이 일이 일어난 것은 그 뼈가 하나도 꺾이지 아니하리라 한 성경을 응하게
하려 함이라

19:37 또 다른 성경에 그들이 그 찌른 자를 보리라 하였느니라

말씀연결 중심내용

대하 34 요시야 왕을 비롯한 백성들이 하나님의 말씀을 지키기로 결단하고 순종했다는 내용입니다. 성전을 수리하다가 모세가 전한 여호와의 율법책을 발견한 요시야 왕은 하나님의 말씀을 지키지 아니함으로 진노가 임했다는 사실을 깨닫게 됩니다. 이에 율법책에 대한 하나님의 뜻을 여선지자 훌다에게 물어 듣고, 왕을 비롯한 모든 백성들이 하나님의 말씀에 마음과 목숨을 다해 순종하고, 그 계명과 법도와 율례를 지키기로 결단하는 것을 보여줍니다.

계 20 타협하지 않고 말씀을 지킨 자에게 주어지는 마지막 때의 축복을 전하는 말씀입니다. 예수를 증언하며 말씀 때문에 목 베임을 당한 자, 곧 생명을 걸고 죽기까지 말씀과 복음을 전한 자에게 첫째 부활의 은혜가 주어지고 그리스도와 더불어 천 년 동안 왕 노릇 하며 축복의 삶을 살게 된다는 것입니다. 따라서 타협하지 말고 말씀을 지켜야 합니다.

말 2 제사장들을 향한 책망의 말씀입니다. 하나님과 레위의 언약, 곧 생명과 평강의 언약을 맺은 존재들로서 누구보다 힘써 하나님을 경외하고 진리의 말씀을 따라가야 하는데, 제사장들이 먼저 하나님의 말씀을 떠났고, 또 이를 통해 하나님의 말씀으로 이끌어야 할 백성들을 하나님의 말씀에서 벗어나게 했다는 것입니다.

요 19 예수님께서 십자가에서 돌아가신 말씀입니다. 이처럼 예수님께서 십자가를 지시고 돌아가심은 하나님의 말씀을 이루기 위함이었습니다. 예수님은 끝까지 하나님의 말씀을 따라 순종하셨고, 그 순종을 통해 하나님의 뜻을 이루셨습니다.

말씀묵상

우리 안에 묻어버린 하나님의 말씀을 발견하고 말씀으로 우리를 돌아봐야 합니다. 예수님의 본을 따라 말씀에 철저히 순종함으로 하나님의 뜻을 이루어 가야 합니다. 우리가 먼저 말씀에서 떠나 말씀을 지키지 않으면 그 누구도 말씀으로 이끌어 가게 할 수 없습니다. 말씀 때문에 죽임을 당한다 할지라도 결코 말씀을 포기하지 말아야 합니다.

말씀적용 오늘의 감사

말씀적용

오늘의 감사

믿음으로 감사

소망으로 감사

사랑으로 감사

말씀암송

계 20:15 누구든지 ☐☐☐에 기록되지 못한 자는 ☐☐에 던져지더라

말씀기도

❶ 말씀으로 돌아가 우리의 그릇되고 치우친 삶을 바로 보고 돌이키게 하소서.
❷ 말씀으로 사람들을 가르치고 이끌어야 할 사명이 있음을 깨닫고, 이 사명에 힘을 다하게 하소서.
❸ 생명을 내어 놓아야 한다고 할지라도 타협하지 않고 말씀을 지키며 복음을 전하게 하소서.

말씀배경 지식

내가 목마르다
(요 19:28)

예수님께서 육적인 고통을 받으시면서 요구한 것으로 유일하게 입 밖으로 내보낸 말이다. 예수님께서 목마름을 호소하셨다기보다는 목마름의 사실을 언급한 것이었다.

364 일차 365

12월 30일

믿음으로 기쁨의 삶을 살아야 합니다

역대하 35장 | 요한계시록 21장 | 말라기 3장 | 요한복음 20장

역대하 35장 | 예배의 기쁨

35:1 요시야가 예루살렘에서 여호와께 유월절을 지켜 첫째 달 열넷째 날에 유월절 어린 양을 잡으니라

35:3 또 여호와 앞에 구별되어서 온 이스라엘을 가르치는 레위 사람에게 이르되 거룩한 궤를 이스라엘 왕 다윗의 아들 솔로몬이 건축한 전 가운데 두고 다시는 너희 어깨에 메지 말고 마땅히 너희의 하나님 여호와와 그의 백성 이스라엘을 섬길 것이라

35:12 그 번제물을 옮겨 족속의 서열대로 모든 백성에게 나누어 모세의 책에 기록된 대로 여호와께 드리게 하고 소도 그와 같이 하고

35:18 선지자 사무엘 이후로 이스라엘 가운데서 유월절을 이같이 지키지 못하였고 이스라엘 모든 왕들도 요시야가 제사장들과 레위 사람들과 모인 온 유다와 이스라엘 무리와 예루살렘 주민과 함께 지킨 것처럼은 유월절을 지키지 못하였더라

35:19 요시야가 왕위에 있은 지 열여덟째 해에 이 유월절을 지켰더라

요한계시록 21장 | 천국의 기쁨

21:2 또 내가 보매 거룩한 성 새 예루살렘이 하나님께로부터 하늘에서 내려오니 그 준비한 것이 신부가 남편을 위하여 단장한 것 같더라

21:4 모든 눈물을 그 눈에서 닦아 주시니 다시는 사망이 없고 애통하는 것이나 곡하는 것이나 아픈 것이 다시 있지 아니하리니 처음 것들이 다 지나갔음이러라

21:5 보좌에 앉으신 이가 이르시되 보라 내가 만물을 새롭게 하노라 하시고 또 이르시되 이 말은 신실하고 참되니 기록하라 하시고

21:7 이기는 자는 이것들을 상속으로 받으리라 나는 그의 하나님이 되고 그는 내 아들이 되리라

21:22 성 안에서 내가 성전을 보지 못하였으니 이는 주 하나님 곧 전능하신 이와 및 어린 양이 그 성전이심이라

21:27 무엇이든지 속된 것이나 가증한 일 또는 거짓말하는 자는 결코 그리로 들어가지 못하되 오직 어린 양의 생명책에 기록된 자들만 들어가리라

오늘의 찬양
찬송가 95장 | 나의 기쁨 나의 소망되시며

맥체인성경365
2066p

말라기 3장 | 봉헌의 기쁨

3:1 만군의 여호와가 이르노라 보라 내가 내 사자를 보내리니 그가 내 앞에서 길을
준비할 것이요 또 너희가 구하는 바 주가 갑자기 그의 성전에 임하시리니 곧 너희
가 사모하는 바 언약의 사자가 임하실 것이라

3:4 그 때에 유다와 예루살렘의 봉헌물이 옛날과 고대와 같이 나 여호와께 기쁨이
되려니와

3:10 만군의 여호와가 이르노라 너희의 온전한 십일조를 창고에 들여 나의 집에 양
식이 있게 하고 그것으로 나를 시험하여 내가 하늘 문을 열고 너희에게 복을 쌓을
곳이 없도록 붓지 아니하나 보라

3:17 만군의 여호와가 이르노라 나는 내가 정한 날에 그들을 나의 특별한 소유로
삼을 것이요 또 사람이 자기를 섬기는 아들을 아낌 같이 내가 그들을 아끼리니

요한복음 20장 | 부활의 기쁨

20:19 이 날 곧 안식 후 첫날 저녁 때에 제자들이 유대인들을 두려워하여 모인 곳
의 문들을 닫았더니 예수께서 오사 가운데 서서 이르시되 너희에게 평강이 있을지
어다

20:20 이 말씀을 하시고 손과 옆구리를 보이시니 제자들이 주를 보고 기뻐하더라

20:22 이 말씀을 하시고 그들을 향하사 숨을 내쉬며 이르시되 성령을 받으라

20:23 너희가 누구의 죄든지 사하면 사하여질 것이요 누구의 죄든지 그대로 두면
그대로 있으리라 하시니라

20:27 도마에게 이르시되 네 손가락을 이리 내밀어 내 손을 보고 네 손을 내밀어
내 옆구리에 넣어 보라 그리하여 믿음 없는 자가 되지 말고 믿는 자가 되라

20:31 오직 이것을 기록함은 너희로 예수께서 하나님의 아들 그리스도이심을 믿
게 하려 함이요 또 너희로 믿고 그 이름을 힘입어 생명을 얻게 하려 함이니라

말씀연결 중심내용

대하 35 사무엘 이후 가장 철저하게 지켜진 유월절 행사였음을 말씀하고 있는데, 말씀을 따라 온전히 하나님을 예배할 때, 예배를 통한 기쁨을 누릴 수 있음을 보여줍니다. 참석자들의 수, 제물의 수, 정해진 달에 시행된 점 등에서 이스라엘 역사상 가장 큰 유월절 행사였다는 것입니다.

계 21 거룩한 성 새 예루살렘에서 하나님께서 친히 그 백성들과 함께 계셔서 주시는 위로와 축복의 말씀입니다. 하나님의 위로와 축복 속에서 그 백성들이 큰 기쁨을 누리게 됨은 당연한 일입니다.

말 3 하나님은 십일조와 봉헌물 등 백성들이 하나님의 것을 도적질하였기에 하나님의 저주가 있었음을 말씀하셨습니다. 그러나 백성들이 돌이켜 온전한 예물을 하나님 앞에 드릴 때, 반드시 하나님께서 축복하심을 약속하고 계신 것입니다.

요 20 부활하신 예수님을 만나고 제자들이 기뻐했다는 말씀입니다. 두려움 중에 있는 제자들을 부활하신 예수님께서 찾아가 평강을 전하며 직접 제자들에게 부활하신 모습을 보여주셨고, 제자들은 부활의 주님을 목격하고 기뻐했다는 것을 보여줍니다.

말씀묵상

예수님께서 죽음의 권세를 이기시고 부활하셨음이 믿음의 사람들에게 기쁨이요 소망이 됩니다. 기쁨으로 하나님께 예물을 드리고, 또한 이를 통해 하나님의 축복을 누림으로 기뻐할 수 있습니다.

말씀적용 오늘의 감사

말씀적용

오늘의 감사

믿음으로 감사

소망으로 감사

사랑으로 감사

말씀암송

계 21:7 이기는 자는 이것들을 [ ][ ]으로 받으리라 나는 그의 [ ][ ][ ]이 되고 그는 내 [ ][ ]이 되리라

말씀기도

1. 믿음에서 승리하게 하시고, 부활과 천국의 삶을 소망하고 확신하며 살아가게 하소서.
2. 말씀을 따라 철저히 예배하는 삶을 살게 하시고, 또한 예배를 통해 큰 기쁨을 누리게 하소서.
3. 온전한 십일조와 봉헌의 삶으로 하나님께서 약속하신 축복을 경험하며 살아가게 하소서.

말씀배경 지식

선지자 사무엘 이후로... 유월절을 이같이 지키지 못하였고 (대하 35:18)

열왕기하 23:22은 다음과 같이 덧붙인다. 즉, "사사가 이스라엘을 다스리던 시대부터." 곧 요시야의 유월절 준수는 모세와 여호수아 이후 아무도 하지 못했던 성경적인 표준을 충족시켰다.

365 일차 365

주님은 속히 오십니다

12월 31일

역대하 36장 | 요한계시록 22장 | 말라기 4장 | 요한복음 21장

역대하 36장 | 들어야 함

36:3 애굽 왕이 예루살렘에서 그의 왕위를 폐하고 또 그 나라에 은 백 달란트와 금 한 달란트를 벌금으로 내게 하며

36:15 그 조상들의 하나님 여호와께서 그의 백성과 그 거하시는 곳을 아끼사 부지런히 그의 사신들을 그 백성에게 보내어 이르셨으나

36:16 그의 백성이 하나님의 사신들을 비웃고 그의 말씀을 멸시하며 그의 선지자를 욕하여 여호와의 진노를 그의 백성에게 미치게 하여 회복할 수 없게 하였으므로

36:21 이에 토지가 황폐하여 땅이 안식년을 누림 같이 안식하여 칠십 년을 지냈으니 여호와께서 예레미야의 입으로 하신 말씀이 이루어졌더라

36:23 바사 왕 고레스가 이같이 말하노니 하늘의 신 여호와께서 세상 만국을 내게 주셨고 나에게 명령하여 유다 예루살렘에 성전을 건축하라 하셨나니 너희 중에 그의 백성된 자는 다 올라갈지어다 너희 하나님 여호와께서 함께 하시기를 원하노라 하였더라

요한계시록 22장 | 속히 오실 주님

22:1 또 그가 수정 같이 맑은 생명수의 강을 내게 보이니 하나님과 및 어린 양의 보좌로부터 나와서

22:2 길 가운데로 흐르더라 강 좌우에 생명나무가 있어 열두 가지 열매를 맺되 달마다 그 열매를 맺고 그 나무 잎사귀들은 만국을 치료하기 위하여 있더라

22:7 보라 내가 속히 오리니 이 두루마리의 예언의 말씀을 지키는 자는 복이 있으리라 하더라

22:12 보라 내가 속히 오리니 내가 줄 상이 내게 있어 각 사람에게 그가 행한 대로 갚아 주리라

22:20 이것들을 증언하신 이가 이르시되 내가 진실로 속히 오리라 하시거늘 아멘 주 예수여 오시옵소서

오늘의 찬양
사명 (주님 다시 오실 때까지)

맥체인성경365
2072p

말라기 4장 | 돌이켜야 함

4:2 내 이름을 경외하는 너희에게는 공의로운 해가 떠올라서 치료하는 광선을 비
추리니 너희가 나가서 외양간에서 나온 송아지 같이 뛰리라

4:3 또 너희가 악인을 밟을 것이니 그들이 내가 정한 날에 너희 발바닥 밑에 재와
같으리라 만군의 여호와의 말이니라

4:5 보라 여호와의 크고 두려운 날이 이르기 전에 내가 선지자 엘리야를 너희에게
보내리니

4:6 그가 아버지의 마음을 자녀에게로 돌이키게 하고 자녀들의 마음을 그들의 아
버지에게로 돌이키게 하리라 돌이키지 아니하면 두렵건대 내가 와서 저주로 그 땅
을 칠까 하노라 하시니라

요한복음 21장 | 회복돼야 함

21:15 그들이 조반 먹은 후에 예수께서 시몬 베드로에게 이르시되 요한의 아들 시
몬아 네가 이 사람들보다 나를 더 사랑하느냐 하시니 이르되 주님 그러하나이다 내
가 주님을 사랑하는 줄 주님께서 아시나이다 이르시되 내 어린 양을 먹이라 하시고

21:16 또 두 번째 이르시되 요한의 아들 시몬아 네가 나를 사랑하느냐 하시니 이르
되 주님 그러하나이다 내가 주님을 사랑하는 줄 주님께서 아시나이다 이르시되 내
양을 치라 하시고

21:17 세 번째 이르시되 요한의 아들 시몬아 네가 나를 사랑하느냐 하시니 주께서
세 번째 네가 나를 사랑하느냐 하시므로 베드로가 근심하여 이르되 주님 모든 것을
아시오매 내가 주님을 사랑하는 줄을 주님께서 아시나이다 예수께서 이르시되 내
양을 먹이라

말씀연결 중심내용

대하 36 하나님께 불의하고 범죄한 백성들을 심판에서 구원하고자 하나님은 끊임없이 사신들을 보내시고 또 보내셨습니다. 하나님의 말씀으로 경고하며 돌이키기를 말씀하셨습니다. 그러나 백성들이 하나님께서 보내신 사신들을 비웃고 그 전하는 말씀을 멸시했다는 것입니다. 그럼으로 하나님의 진노의 심판을 피할 수 없었다는 것을 보여줍니다.

계 22 주님은 속히 오리라고 반복하여 말씀하셨습니다. 따라서 안일함으로 주님의 오심을 놓치지 말아야 하고, 또한 핍박과 환난 중에서도 포기하지 말고 인내하며 믿음을 지켜야 합니다. 이 책에 기록된 예언의 말씀을 지킴으로 복이 있는 사람이 돼야 하고, 행한 대로 갚아 주시는 주님께서 우리의 믿음과 깨끗한 옷을 보시고 생명으로 갚으시는 은혜를 누려야 합니다.

말 4 여호와의 날을 말씀하고 있는데, 여호와의 날을 크고 두려운 날로 맞이하지 말아야 한다는 것입니다. 따라서 하나님은 선지자 엘리야를 보내시고 엘리야를 통해 사람들의 마음을 돌이키게 하시겠다고 말씀하셨습니다. 선지자 엘리야가 전하는 말씀으로 돌이켜야 저주와 심판을 피할 수 있습니다. 여호와의 날을 구원의 날로 맞이하게 된다는 것입니다.

요 21 부활하신 예수님께서 베드로를 찾아가 그의 잘못과 상처를 용서하고 치료하여 회복시키신 말씀입니다. 예수님의 십자가 앞에서 예수님을 모른다고 세 번 부인했던 베드로에게, 예수님은 세 번 "나를 사랑하느냐"고 물으시고, 또 "사랑한다"는 베드로의 대답을 통해 그를 실패에서 다시 일으키시고 회복하셨습니다. 그리고 그에게 "내 양을 먹이라"고 말씀하시며 사명을 주셨습니다.

말씀묵상

속히 오실 주님을 기억하며 하나님의 말씀으로 우리의 죄를 돌아봐야 합니다. 말씀으로 돌이켜 주님 오심의 날을 심판이 아닌 구원의 날로 맞이해야 합니다. 사랑과 사명의 삶으로 주님의 다시 오심을 준비해야 합니다.

말씀적용 오늘의 감사

말씀적용

오늘의 감사

믿음으로 감사

소망으로 감사

사랑으로 감사

말씀암송

말 4:2 내 이름을 ☐☐하는 너희에게는 공의로운 ☐가 떠올라서 치료하는 광선을 비추리니 너희가 나가서 외양간에서 나온 ☐☐☐ 같이 뛰리라

말씀기도

❶ 속히 오신다는 주님의 말씀을 붙들고 환난 중에서도 인내하며 믿음을 지키는 삶을 살게 하소서.

❷ 주님의 말씀으로 죄를 깨닫고 돌이켜 주님이 다시 오시는 날을 생명과 구원의 날로 맞이하게 하소서.

❸ 주님을 사랑하는 마음으로 힘써 사명을 감당하며 주님의 다시 오심을 준비하는 삶을 살게 하소서.

말씀배경 지식

이 사람들보다
(요 21:15)

어떤 학자들은 '이 사람들'을 고기잡이 도구들에 대한 언급으로 이해했다. 만일 그것이 고기잡이 도구라고 한다면, 베드로는 예수께서 사랑에 대해 사용했던 것과는 다른 말로 사랑을 표현하지 않고, 어떤 도피도 하지 않고, 예수님께 대답을 할 수 있었을 것이다. 예수님께서 제자들이 있는 곳에서 베드로의 사랑을 시험했다는 사실은 그 시험에 다른 사람들도 포함되어 있었음을 암시한다.

맥체인성경 정독에 참고할 자료

● 도서

1. 『영감 넘치는 맥체인 성경읽기』 (로고스성경사역원)
2. 『영감 넘치는 맥체인 성경읽기 워크북(훈련교재)』 (로고스성경사역원)
3. 『맥체인성경읽기방법 성경 이렇게 읽읍시다』(부흥과 개혁사)
4. 『로버트 맥체인 회고록』(부흥과개혁사)
5. 『로버트 맥체인과 떠나는 여행』(부흥과 개혁사)
6. 『로버트 맥체인』(지평서원)
7. 『로버트 머리 맥체인: 하나님의 사람들』(양무리서원)
8. 『거룩을 갈망한 작은 예수 로버트 맥체인』(넥서스크로스)
9. 『로버트 M, 맥체인의 생애』(CLC)
10. 로버트 맥체인 설교집 『마태복음』,『마가복음』,『로마서』(그책의 사람들)
11. 『맥체인성경365 통독묵상 가이드』 (선교횃불)
12. 『맥체인 통독 맥잡기1, 2, 3, 4, 5, 6』 (선교횃불)
13. 맥체인정독 길라잡이(선교횃불)
14. 맥체인큐티(선교횃불)
15. 맥체인성경 365(선교횃불)
16. 맥체인성경 2면4책(선교횃불) 근간예정
17. 『맥체인 성경 읽기 해설 1, 2, 3, 4』 (세움북스)

● SNS 참조

페이스북 : https://www.facebook.com/profile.php?id=100006657647442
네이버 블로그 : https://blog.naver.com/missiontorch
네이버 까페 : https://cafe.naver.com/jesuslovezone
다음 까페 : http://cafe.daum.net/missiontorch
유튜브 : 맥체인성경세미나

● 맥체인성경 통독 웹사이트

드라마 바이블 : https://dramabible.org
갓피플 성경통독 어플 http://www.godpeople.com/?GO=mobile_detail&appid=93
성경타자통독 : https://bible.ctm.kr/

● 오디오 성경

Hi-Fi 로고스 맥체인 전자성경

MQ

맥체인큐티(12-12)

발 행 인 김수곤
편집위원 김홍양 임건혁 정현기 김종인
디 자 인 디자인이츠
발행한곳 선교햇불
등록주소 송파구 백제고분로 27길 12(삼전동)
전 화 (02) 2203-2739
팩 스 (02) 2203-2738
이 메 일 ccm2you@gmail.com
홈페이지 www.ccm2u.com
발 행 일 2020년 12월 1일